売れる人がやっているたった四つの繁盛の法則

笹井清範

同文館出版

商売は今日のものではない
永遠のもの
未来のものと考えていい
それでこそ
ほんとうの商人なのである
人は今日よりも
より良き未来に生きねばいけない

倉本長治

まえがき

さあ、新しい羅針盤を手にしよう！

朝目覚めたとき、「仕事がつらい」「今日は働きたくない」と思った経験はありませんか？そんなあなたに、朝が待ち遠しくなってもらおうと本書を書きました。

どうしてあなたは、希望に満ちた朝を迎えられないのでしょうか？　一所懸命に頑張っているのに、成果が現われないからかもしれません。思ったように売上げが上がらないから、利益が残らないからかもしれません。

本来、売上げとはあなたの誠実さを証明し、利益とは知恵の深さを測るものです。しかし、「私には誠実さも知恵も足りないのだろうか……」と悩む必要はありません。あなたが十分に誠実で知恵深いことは、この本を手に取ってくださった時点で証明されています。ただ、誠実さと知恵深さを発揮する方向が違うのかもしれません。

小学生の頃、教室で手にした分度器を思い出してください。角度を測るための目盛りが刻まれた半円形をした道具です。

図画工作や算数で線を引くとき、1度くらいのずれはあまり気にならないものでした。ところが1度違えば、1メートル先では1・74センチの差が生まれ、1キロメートル先では17・4メートルの違いになります。あなたが月から地球に帰還する宇宙船に乗っていたとしたら、地球に着く頃には地球およそ5個分も離れた虚空を飛んでいることになります。

この宇宙船と同じように、あなたは理想の未来から毎日少しずつ離れているのかもしれません。あなたが頑張れば頑張るほど、理想からより遠くへと離れていってしまうのです。これこそ、「仕事がつらい」「今日は働きたくない」と感じる本当の理由です。

本書は、あなたのビジネスや仕事を理想の未来へ導くための分度器であり、宇宙船の進路を決める羅針盤なのです。

誠実で知恵深いあなたは、これまでにもマーケティングについて書かれた本を読んできたことでしょう。そうした本の多くに「マーケティングミックス」について記されています。

そもそもマーケティングとは、商品を大量かつ効率的に売るために、市場調査・製造・輸送・保管・販売・宣伝などの全過程にわたって行なう企業活動の総称です。これらのプロセスは企業規模の大小、業種の違いを問わず共通しています。

そしてマーケティングミックスとは、マーケティングにおける実行計画。市場調査をもとに計画を立て、対象顧客へのアプローチ方法を具体的に決定することを言います。
製品（product）、価格（price）、立地・流通（place）、宣伝（promotion）という四つの要素からなり、それらの頭文字をとって「４Ｐ」と呼ばれます。これら四つの最適な組み合わせ（ミックス）を考えていくことから、「マーケティングミックス」とも言われます。

「それなら知っているし、いつも意識して実践している」と、あなたは言うでしょう。そして、「……だけど、うまくいかない」と続けるかもしれません。

それもそのはずです。マーケティングミックスが提唱されたのは１９６０年代のこと。それからの半世紀の間に、ビジネスを取り巻く環境は大きく変わりました。

日本の人口は増加から減少に転じ、生まれてくる子どもの数は減り続け、高齢者は増え続けています。あなたが、新しいお客様と出会える可能性も減り続けているのです。

スマホひとつあれば寝ころびながらでも、ほとんどの買い物ができる時代になりました。スマホの中にはあらゆる情報があふれ、簡単にアクセスできます。何か欲しいものがあれば、私たちはまず「検索」をして、抽出された数多くの店の中から買う「場所」を選びます。

つまり、あなたの店が選ばれ、売上げを生み出す確率は下がり続けているのです。

私たちが使ってきた分度器は、いつの間にか時代に合わなくなっていました。それに頼れば頼るほど、私たちは孤独な宇宙空間をさまようことになります。

本書の狙いは、時代に適した羅針盤、つまり従来の４Ｐとは異なる「新しい４Ｐ」を提案することです。４Ｐは次のように変わりました。

product（製品）→ story-rich product（物語性豊かな商品）

商品開発や品揃えはこれまで、仕様、価格、デザインといった機能性ばかりが先行しました。しかし、作り手の思いや個性、開発エピソードといった「付加価値」が加わってこそ、思わず誰かに伝えたくなるような豊かな物語性（story-rich）を持ち得るのです。

price（価格）→ philosophy（哲学・理念）

私たち生活者は単なる価格の安さだけを求めてはいません。多くの事業者が低価格ばかりを訴求し、他の選択肢を提示しないから価格で選ばざるを得ないだけです。商品の中に哲学や理念（philosophy）が感じられれば、価格の優先順位は下がります。

place（立地・流通）→ promise（約束・絆）

商業はこれまで、有望な立地・流通を求めて店を移動してきました。しかし今や、スマホひとつで買い物ができます。一方、どんなに辺鄙な立地にあろうと、来店客でにぎわう繁盛店もあります。お客様はそこに約束や絆（promise）を求めて、わざわざ訪れるのです。

promotion（宣伝）→personality（個性・人柄）

ＩＴ技術の発達により、私たちは洪水のような大量の宣伝に飲み込まれています。溺れそうなあなたに手を差し伸べてくれるのは、信頼のおける人からの血の通った情報です。個性・人柄（personality）は、あなたが信頼できる対象となるために欠かせない条件です。

そんなことを、なぜ私があなたにお伝えできるのでしょうか？

私はこれまで、商業経営専門誌の取材者・編集者として、およそ四半世紀にわたって商業を見続けてきました。日本を代表する大企業の経営者から、小さなまちの小さな店の従業員まで、取材した事業者や店は４０００を超えます。

そこでは、従来のマーケティング理論の常識を超えた〝奇跡〟にたびたび出会ってきました。そして、奇蹟には四つの共通点があることに気づいたのです。本書は、こうした奇跡の再現を、あなたと一緒にめざすためにあります。

序章では、私たちが置かれている、現在の社会環境を確認します。なぜなら、ビジネスや仕事は社会と切り離せない営みだからです。

１章から４章では、「新しい４Ｐ」それぞれの詳細と本質について、私が出会った４０００人超の商人たちから20人を厳選し、彼らが起こす奇跡の商いをもとに解説します。

また、あなた自身が奇跡を起こすために欠かせない、四つの法則を身につけるための「自分自身への質問」を用意しました。

よい答えはよい問いからのみ生まれます。正解は業界や競合店を探しても見つかりません。本当の答えは、お客様に向き合うあなた自身の中にあるのです。

終章では、あなたの商いと仕事をゆるぎないものとするための10の原則を提案します。「心で見なくちゃ、ものごとはよく見えないってことさ。かんじんなことは、目に見えないんだよ」とは、『星の王子さま』の一節。心で見るための手がかりとなるでしょう。

考えてみてください。心から一人の人を喜ばせることがどんなに難しいかを。ところがあなたは、一人ひとりのお客様にそんな喜びを与える仕事を、これまで毎日繰り返してきたのです。あなたには、お客様に心から「ありがとう」と言われる商いができるはずです。

本書が、理想の未来を明るく照らす灯となり、そこへ確実に向かう羅針盤となれば幸いです。さあ、新しい羅針盤を手に取りましょう。

商い未来研究所　笹井清範

目次

CHAPTER 3

PERSONALITY あなたらしい「個性・人柄」を磨く

CHAPTER 4

PROMISE

EPILOGUE

装丁／高橋明香
本文ＤＴＰ／おかっぱ製作所
マーリンクレイン

PROLOGUE

明日のヒントは
今日の事実の中にある

人口減少・少子超高齢社会では、これまでの成功法則は通用しない

『坂の上の雲』という小説をご存じでしょうか？　国民的歴史小説家、司馬遼太郎の代表作のひとつであり、明治維新を成し遂げ、近代国家として歩みはじめてから日露戦争勝利に至るまでの明治日本の青春群像を描いた物語です。

作者はあとがきに、タイトルの由来を次のように記しています。

〈楽天家たちは、そのような時代人としての体質で、前をのみ見つめながらあるく。のぼってゆく坂の上の青い天にもし一朶（いちだ）の白い雲がかがやいているとすれば、それをのみ見つめて坂をのぼってゆくであろう。〉

彼ら明治人にとって、坂は駆け上がるために存在するものでした。そして、その先には成長と明るい未来が約束されていたのです。「坂の上の雲」は、まさにそうした時代の空気を描いた作品です。

未来への明るい見通しは、ビジネスや商いにおいても同様でした。明治以降、日本に多くの近代産業が一気に興り、暮らしは物質的に豊かになり、豊かさを保証する市場は拡大を続

PROLOGUE
明日のヒントは今日の事実の中にある

図表① 日本の人口と高齢化率の推移

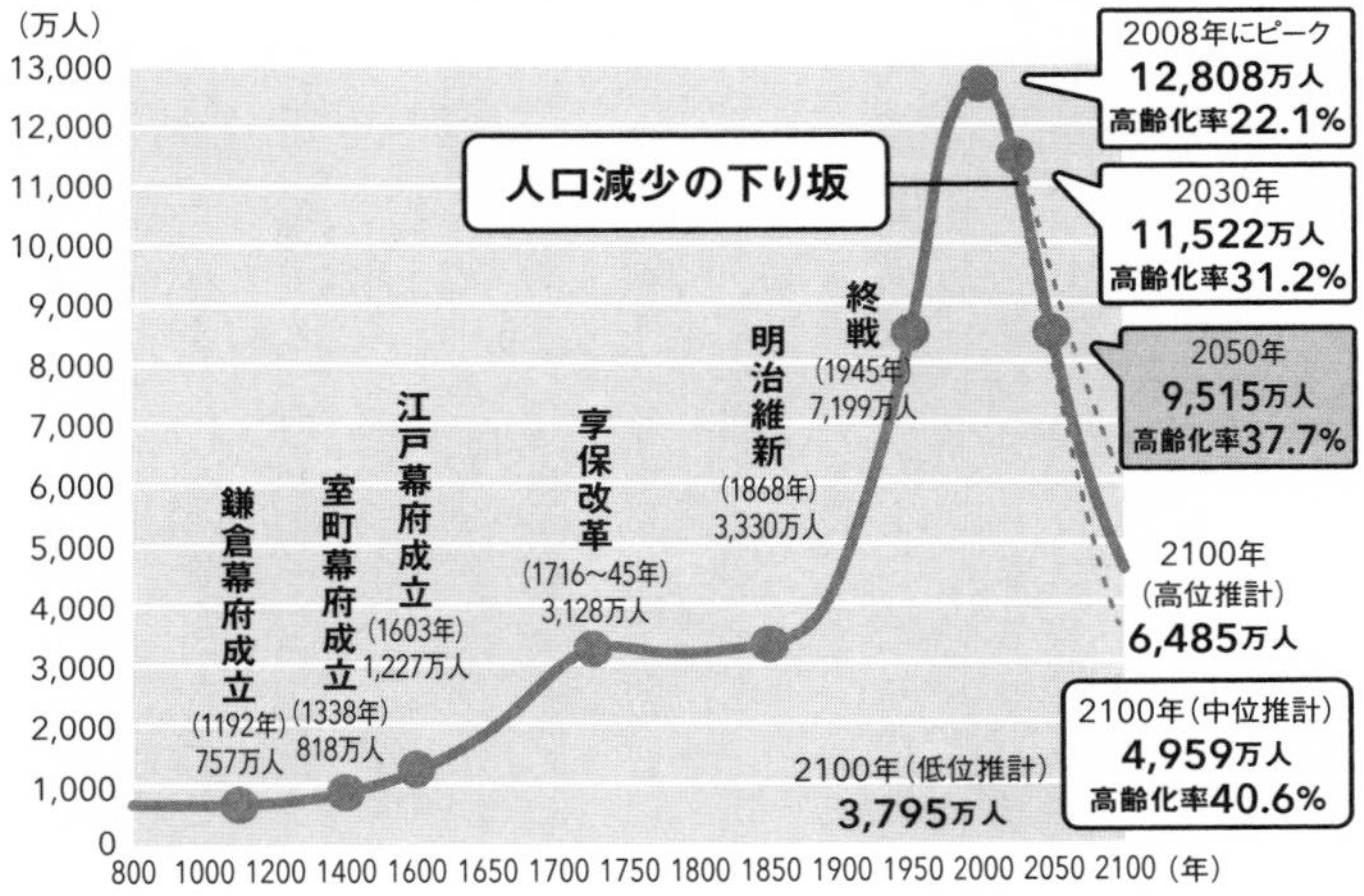

出典:総務省統計局「人口推計」などより著者作成

けたのです。

一方、21世紀序盤に生きる私たちは、急激に下りはじめた坂の入り口に立っています。

「坂」とは、人口の増減推移のことです。総務省統計局の人口推計によれば、日本の人口は2008年に1億2808万人で頂点に達し、その後は減少に転じています(図表①)。

明治維新によって成し遂げられた近代化によって、日本の人口は急激に増加していったことがわかります。しかし、日本はこれから、上り詰めたジェットコースターが急激に降下していくように、人口の坂を下っていくのです。

それなのに、従来と同じやり方が通用するのでしょうか？

日本経済はこれまで、人口増加を前提に成長を遂げてきました。ビジネスや商いの成功法則も例に漏れません。昨日より今日のほうが、今日より明日のほうが市場規模の拡大する時代にあって、ほとんどのビジネスが大量生産、大量流通、大量販売、大量消費、そして大量廃棄を前提にしていました。

しかし、このままでは地球環境がもたないことに、多くの生活者はすでに気づいています。頻発する天候不順や自然災害のたびに、大量に廃棄され続けている食品ロスのニュースに触れるたびに、これまでのルールのままでは、今までの生活が続けられないと感じているのです。

もう、かつての成功パターンは通用しません。

もうひとつ、市場環境が大きく異なっているのが人口構成の中身。言うまでもなく、少子高齢化社会です。

「団塊の世代」と呼ばれた、第二次世界大戦後の第一次ベビーブーム世代の出生数は年間270万人。それが、直近2019年には4年連続減少の86万5239人と、1899年の

PROLOGUE

明日のヒントは今日の事実の中にある

調査開始以来、過去最少を記録しています。なんと、3分の1以下にまで減っているのです。

さらに、日本は超高齢社会を迎えています。総人口に占める65歳以上の高齢者が21％を超えると「超高齢社会」と言いますが、日本は２００７年に突入しました。直近２０２０年の高齢化率は28・7％。10人に３人が65歳以上という成熟した社会なのです。

図表①をもう一度見てみましょう。２０５０年代という近未来に、日本の人口は1億人を切り、高齢化率は40％に迫ります。日本は世界トップクラスの人口減少率、高齢化率という未知の領域を進んでいるのです。

そんな中で、私たちは商い、働いています。何のためでしょうか？　食べていくためでしょうか？　生活のためでしょうか？

もちろん、それもあります。たしかに、人は食べなければ生きてはいけない存在です。しかし、食料を摂ることが生きる目的ではないように、商売は儲けること自体が目的ではありません。儲けは手段にすぎず、目的は他にあります。

本書は、本当の目的を探す旅でもあります。

私たちは今、未知の世界に向かって新たな道を切り拓いていかなければなりません。上りと下りの違いはありますが、それはとてもやりがいに満ちた営みではないでしょうか。

おひとりさま社会の到来で、お客様のニーズは大きく変わる

あなたは焼き肉店の店長として、チラシの束を抱えてマンションの集合ポストの前に立っています。チラシには食卓を囲む４人家族の写真が載せられ、お得なファミリーセットが訴求されています。おいしそうに食べる子どもたちを、両親がうれしそうに見つめています。

あなたはポストの一つひとつにチラシを入れました。しかし、反応はいまひとつでした。それもそのはずで、今や3軒に1軒がおひとりさま、つまり単独世帯です。夫婦と子というファミリー世帯は4軒に1軒ですから、チラシの多くが狙った顧客層に届きません。

平成27年の国勢調査によると、日本の世帯数は約５３４５万。それらを主な世帯の種類で分け、多い順に並べてみると、次のような数と割合になります。

単独世帯	１８４１・８万（34・６％）
ファミリー世帯（夫婦と子）	１４２８・８万（26・９％）
夫婦のみの世帯	１０７１・８万（20・１％）
ひとり親と子の世帯	４７４・８万（８・９％）

図表② 日本の世帯数の推移

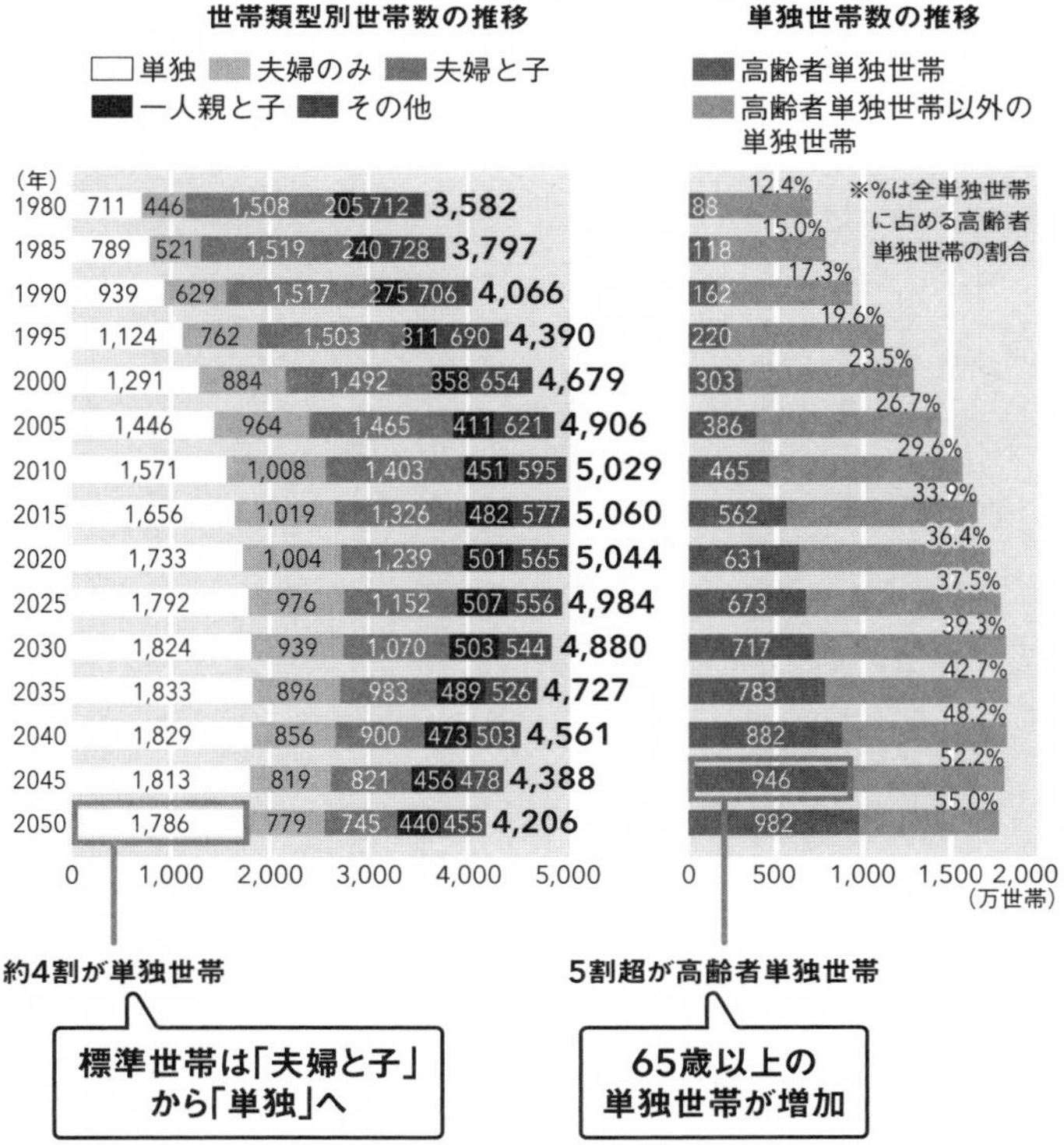
世帯類型別世帯数の推移
単独世帯数の推移
単独
夫婦のみ
夫婦と子
一人親と子
その他
高齢者単独世帯
高齢者単独世帯以外の単独世帯
(年)
1980 711 446 1,508 205 712 3,582
1985 789 521 1,519 240 728 3,797
1990 939 629 1,517 275 706 4,066
1995 1,124 762 1,503 311 690 4,390
2000 1,291 884 1,492 358 654 4,679
2005 1,446 964 1,465 411 621 4,906
2010 1,571 1,008 1,403 451 595 5,029
2015 1,656 1,019 1,326 482 577 5,060
2020 1,733 1,004 1,239 501 565 5,044
2025 1,792 976 1,152 507 556 4,984
2030 1,824 939 1,070 503 544 4,880
2035 1,833 896 983 489 526 4,727
2040 1,829 856 900 473 503 4,561
2045 1,813 819 821 456 478 4,388
2050 1,786 779 745 440 455 4,206
0 1,000 2,000 3,000 4,000 5,000
88 12.4%
118 15.0%
162 17.3%
220 19.6%
303 23.5%
386 26.7%
465 29.6%
562 33.9%
631 36.4%
673 37.5%
717 39.3%
783 42.7%
882 48.2%
946 52.2%
982 55.0%
※%は全単独世帯に占める高齢者単独世帯の割合
0 500 1,000 1,500 2,000
(万世帯)
約4割が単独世帯
5割超が高齢者単独世帯
標準世帯は「夫婦と子」から「単独」へ
65歳以上の単独世帯が増加

出典：国土交通省「国土の長期展望」中間とりまとめ（2011年）

図表②の左側にあるように、かつて日本の標準世帯は夫婦と子で構成される核家族、「ニューファミリー」と言われる世帯でした。だから、商品やサービスの多くはニューファミリー世帯を対象としたものが中心だったのです。

しかし今世紀初めに、主役の座を単独世帯に譲って以来、その差は広がり続けています。2050年には、世帯の約4割（1786万世帯）が単独世帯という「おひとりさま社会」が到来します。このとき、求められる商品やサービスはさらに変化していくことでしょう。単独世帯の内実はどうでしょうか？　それを示したのが図表②の右側です。急速に高齢化が進展していることがわかります。

2045年には、ついに単独世帯の半数以上を高齢者が占める時代を迎えます。その数は約946万世帯。全世帯の約4分の1が単独高齢者世帯という時代が目前に迫っています。

少子化や高齢化による配偶者との死別など、単独高齢者が増える原因はいくつかあります。特筆すべきは、50歳の時点で一度も結婚したことがない人の割合を示す「生涯未婚率」の増加です。2020年現在では男性で約26%、女性で約17%となっており、2030年には男性で約30%、女性で約23%になると、国では予測しています。

こうした世帯類型の内実の変化も、かつて経験したことのない未知の領域のできごとです。このとき、これまでの成功法則はやはり通用しません。自らの商いと仕事を社会環境の変化に合わせて革新させなければ、未来は閉ざされるでしょう。

しかし、心配はいりません。あなたの目の前にいらっしゃるお客様にしっかりと向き合ってください。彼ら、彼女たちが持つ不満、不便、不都合、不足といった〝不〟の感情を明らかにし、その解決策を提示すればいいのです。

そうした〝不〟に、お客様自身は気づいていないかもしれません。先んじて解決策を提案したとき、お客様は言うでしょう。「そうそう、これが欲しかったんだ！」と。

〝不〟の発見と解決こそ、あなたが商いをする目的です。この営みの中にこそあなたの喜びがあり、結果としての儲けがあります。目的は、お客様の笑顔。儲けは、商いと仕事をさらに磨いていくための資源なのです。だから、あなたは大切にすべきお客様を見つめ、その声を聞きましょう。そこに必ず、あなたが商い、働く理由があるはずです。

変化を恐れないことです。「変化こそ唯一の永遠である」とは、明治期の思想家、岡倉天心の著作『茶の本』の一節「歴史の中に未来の秘密がある。我々は、我々の歴史の中に、我々の未来の秘密が横たわっているということを本能的に知る」に続く一文です。

商いも仕事も同じです。変化を恐れるのではなく、変化を楽しみましょう。

消費意識・スタイルは、時代と共に常に変わり続ける

岡倉天心の言葉を持ち出すまでもなく、世の中に変化しない存在はありません。変化しないのは「すべてのものは変化する」という真理だけです。

私たちが向き合うお客様も同様です。一瞬も止まることなく、常に変わり続けています。

「生活者1万人アンケート」は、シンクタンクの野村総合研究所が3年ごとに、全国で15歳から79歳の男女個人1万人を対象に生活価値観や消費実態をたずねるもの。そこに興味深い調査結果があります。消費意識・消費スタイルを4種類に類型化し、2000年から2018年まで七つの年次ごとの変化を示したものです（図表③）。

縦軸には価格に対する許容性を、横軸には商品・サービスに対するこだわりを据えたマトリクス図になっています。詳細を見てみましょう。

【利便性消費】

商品・サービスに対するこだわりが弱く、多少高くても手に入りやすいものを買うという

図表③　変化する生活者の消費指向

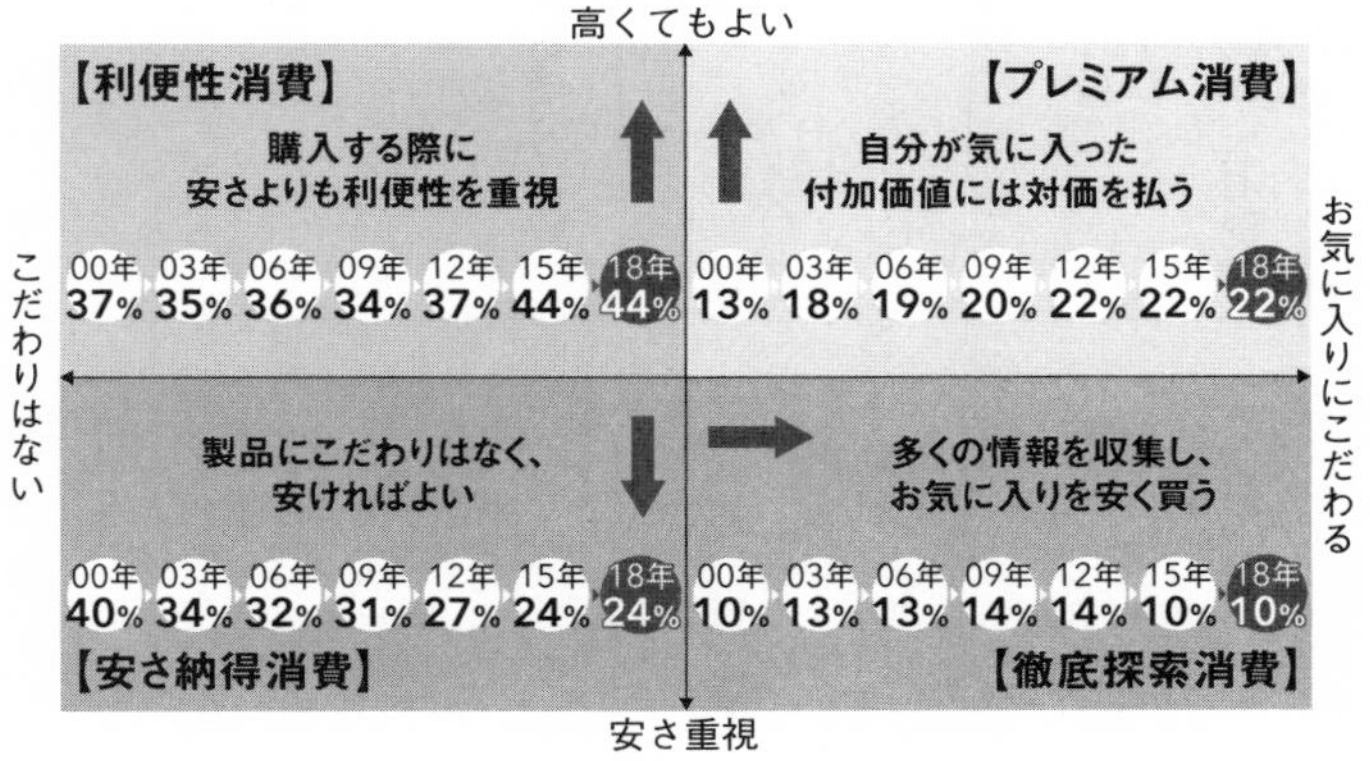

出典：野村総合研究所「生活者１万人アンケート2018」のデータをもとに著者作成

消費スタイルです。購入する際に、安さよりも利便性を重視するタイプで、44％と4類型の最大勢力であり、2000年から7ポイント増加しています。

たしかに、利便性を追求する業態の代表格であるコンビニエンスストアは成長を続けてきました。また、スマホひとつで品選びから決済、配達手続きまでが完結するインターネットショッピングは市場規模を拡大し続けています。

【プレミアム消費】

商品・サービスに対してこだわりが強く、多少高くても気に入ったものを買うという消費スタイルです。自分が気に入った付加価値には対価を払うタイプで、22％と

4類型中の3番目であるものの、2000年から9ポイントと最高の伸び率を示しています。

物を極力所有しないライフスタイルを実践するミニマリストほど、持っている物は価値観に適う選び抜いたお気に入りだと言われます。生活の中に必要以上に物があふれ、それがストレスを生み出している現代社会への反動なのでしょう。

【安さ納得消費】

商品・サービスに対してこだわりが弱く、それよりも安さを重視するという消費スタイルです。こだわりはなく、安ければよいというタイプで、24%と「利便性消費」に次ぐ勢力ですが、2000年から16ポイントと、唯一かつ最大の落ち込みを見せています。

それなのに私たちは、商品・サービスの価値を伝える努力を怠り、売れなければ安易に値引きする悪弊から逃れられません。人口減少時代の安易な安売りは、利益率を下げるだけであり、利益額を保証するものではありません。

【徹底探索消費】

商品・サービスに対してこだわりは強く、かつ安さも重視するという消費スタイルです。

PROLOGUE

明日のヒントは今日の事実の中にある

それゆえ、できるかぎり多くの情報を収集し、その中からお気に入りを安く買おうと努めるタイプで、一時は14%まで増加しました。ところが、直近では2000年時と同じく10%にとどまっています。

今日、あふれているのは物だけではありません。インターネットの普及とともに、私たちは過剰な情報に振り回されるようになりました。自分にとって最も大切な情報に出会うのは、砂漠で落とした金の粒を見つけるほど困難です。私たち生活者は、あふれるほど過多な情報に辟易しているのです。

これら四つの消費意識・スタイルから、私たちは何を学ぶべきでしょうか？

天心が言うように、「歴史の中に未来の秘密」があります。理想の未来を実現するヒントは、現在に続いている過去の中にあるのです。

学ぶべきは、お客様は常に変化するという事実と、その傾向にほかなりません。その上で、誰に対して、何のために、どのような商品・サービスを、どのような場で、誰が販売するかという原則を、あらためて確認しましょう。

それを「創業の志」と言い換えてもいいでしょう。大切なものは原則の中にあります。

一人の生活者の中で、二極化する消費志向を理解する

「今後の生活において、これからは心の豊かさを求めますか？　それとも、まだ物の豊かさを求めますか？」と問われたら、あなたは何と答えるでしょうか？　実は、国では１９５８年からほぼ毎年、私たちに問い続けています（国民生活に関する世論調査）。

この調査によると、１９７０年代後半を境目に「心の豊かさ」が「物の豊かさ」を逆転。以降、その差は広がり続けて、「心の豊かさ」は60％台を維持する一方、「物の豊かさ」は約30％台にとどまっています。日本は長らく、３人に2人が「心の豊かさ」を求める社会となっているのです。

では、「心の豊かさ」はどうしたら手に入るのでしょうか？　商品ラベルや売場のＰＯＰを血まなこで見ても、そう書かれている商品・サービスを見つけることは困難です。

そこで、私たち自身の心の内側を考察してみると、そこには大きく二つのニーズがあることに気づきます（図表④）。しかも、それら二つは逆方向へ強い力で作用しています。

図表④　生活者の消費志向の二極化

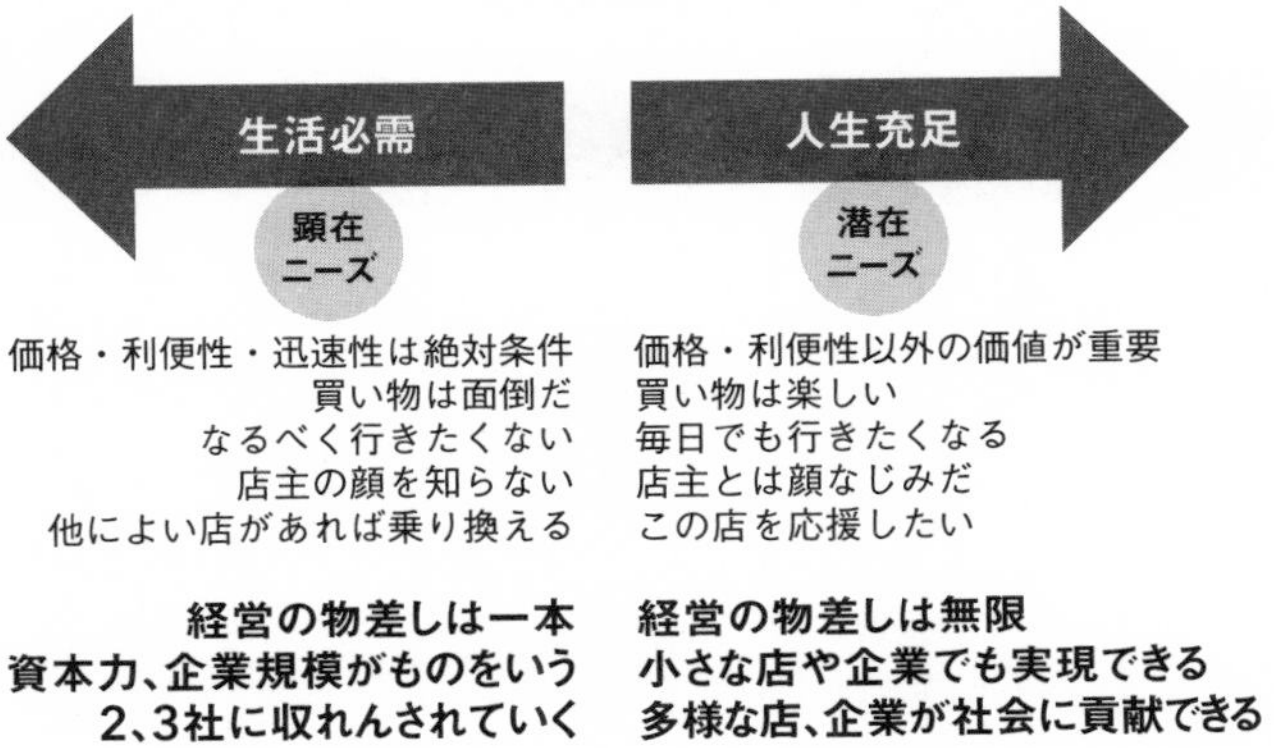

生活必需	人生充足
顕在 ニーズ	潜在 ニーズ

価格・利便性・迅速性は絶対条件 買い物は面倒だ なるべく行きたくない 店主の顔を知らない 他によい店があれば乗り換える	価格・利便性以外の価値が重要 買い物は楽しい 毎日でも行きたくなる 店主とは顔なじみだ この店を応援したい
経営の物差しは一本 資本力、企業規模がものをいう 2、3社に収れんされていく	**経営の物差しは無限 小さな店や企業でも実現できる 多様な店、企業が社会に貢献できる**

ひとつは「生活必需」を求めるニーズです。「○○が欲しい」とはっきり自覚しており、そこで重要なのは価格の安さであり、便利さであり、すぐに入手できるという迅速性です。しかし、生活必需ニーズを満たす買い物は面倒であり、時間をかけたくないという程度に顕在化した欲求にすぎません。

だから、そうした商品・サービスを取り扱う店の店主や販売員と親しくなることもないし、そもそも興味・関心の対象外です。たとえば、トイレットペーパーを買うとき、あなたは売り手の名前や、その人が何を大切にしているかを考えたことはありますか？

私たちが気にするのは、どれだけ安く、簡単に、すぐに入手できるかだけです。そして、それを叶えてくれる店こそが「よい店」なのです。他に「よい店」があれば、新しい店へと移っていくことは生活者の自然な行動です。

生活様式の変化に伴い、まちなかの商店街からクルマで行きやすい郊外のショッピングセンターへと、「よい店」を求めてお客様の流れは変わっていきました。今、その流れはリアルからバーチャルへ、つまりインターネットショッピングへと大きくシフトチェンジしています。そのほうが安く、簡単で迅速だからです。

もうひとつのニーズは、「人生充足」を求めるものです。

前述の「心の豊かさ」に該当します。どうしたら手に入るかをはっきりとは認識してはおらず、ニーズは心理の底に潜在化しています。心の渇きを感じるだけです。

人生充足ニーズで重要なのは、価格や利便性、迅速性を超えた価値です。そうしたものに出会える買い物は楽しく、毎日でも体験したくなる喜びに満ちています。

そんな喜びを提供してくれる店の店主・販売員とは、自然と顔なじみになります。親しい友であり、ときには人生を豊かにしてくれる「師匠（マスター）」と言ってもいい存在です。

だから、「この店を応援したい」と考えるのは、自然の摂理に適う心情です。そうしたお客様は、店の繁盛を自分のことのように考えてくれる応援者となり、自分の親しい人たちへ宣伝してくれる広報者となってくれます。

経営の視点から両者を比較してみると、「生活必需」における経営目標は価格・利便性・迅速性と明確であり、そこでは資本力や企業規模が有利に働きます。それゆえ、生き残れるのは数社に限られるでしょう。総合スーパー、ホームセンター、ドラッグストア、コンビニエンスストアの業界動向を見れば、それは明らかです。

一方、「人生充足」で生活者が求めることは多様であり、ある意味無限です。お客様一人ひとりの漠然としたニーズに寄り添い、それに応えようと努めることは、小さな店や企業でもできるし、本来は得意なはずです。つまり、多様な店や企業が暮らしを豊かに、人生を充足させることができるのです。

では、質問です。あなたが人生をかけて取り組みたいのはどちらの商売でしょうか？どちらも価値ある仕事です。異なるのは、前者には他者との激しい生存競争が待ち受け、後者には自身への高度な鍛錬が求められることです。

SDGsとコロナ禍が商いの環境を大きく変えた

此（これ）が有れば彼（かれ）が有り
此が無ければ彼が無い
此が生ずれば彼が生じ
此が滅すれば彼が滅す

これは、この世のすべての事象には原因と結果があり、すべての存在は相互に関わっているとする「縁起説」のひとつ、釈迦が説いたとされる「此縁性」という仏教思想です。

私は熱心な仏教徒ではないのでくわしい解釈はわかりませんが、近年の社会情勢を追うたびに、この思想に思いあたります。中長期ではSDGsであり、直近ではコロナ禍です。

SDGs（Sustainable Development Goals：持続可能な開発目標）とは、2015年9月の国連サミットで採択された、2030年までに持続可能でよりよい世界をめざす国際目

図表⑤　SDGs（持続可能な開発目標）の17のゴール

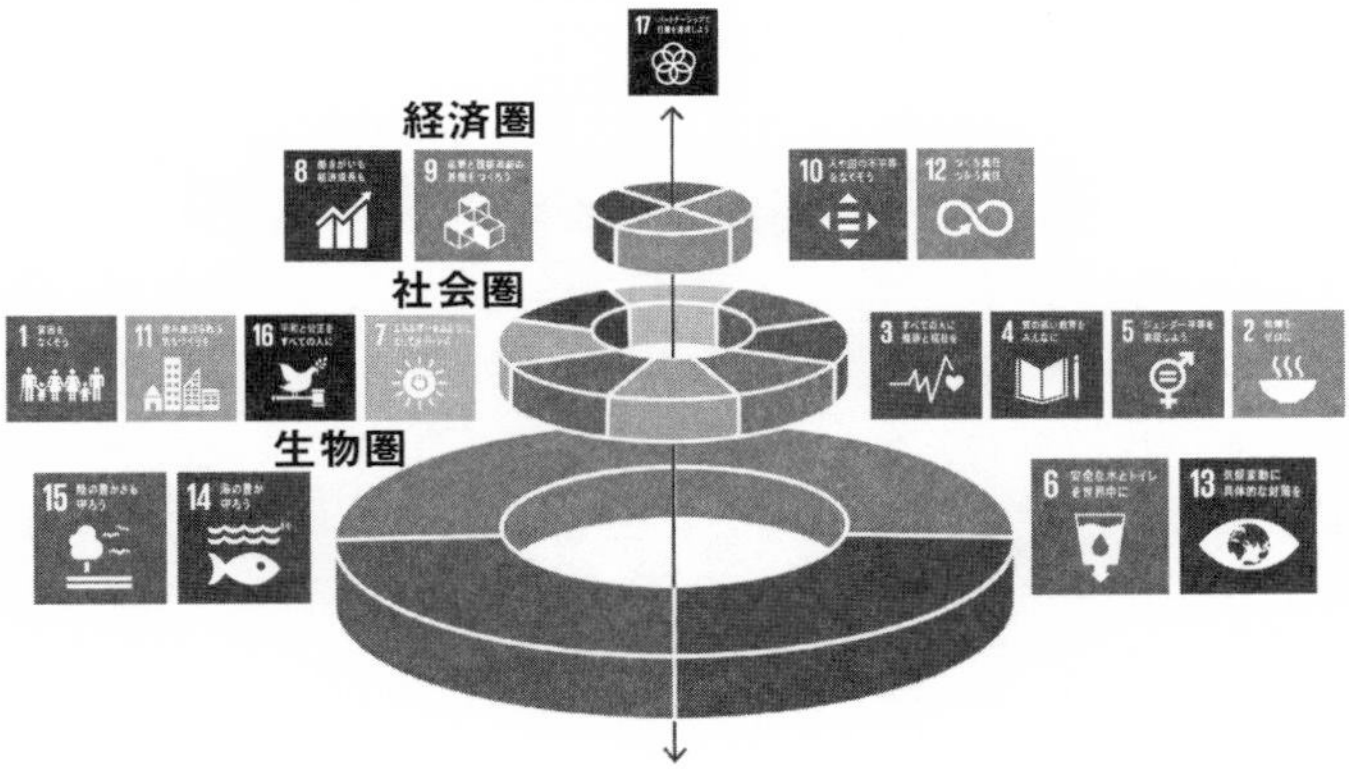

出典：ストックホルム大学レジリエンス研究所

標。17のゴールと169のターゲットから構成され、地球上の「誰一人取り残さない」ことを誓っています。

図表⑤は「SDGsウェディングケーキ」と呼ばれ、ストックホルム大学のレジリエンス研究所のヨハン・ロックストローム博士が考案したモデル。目標17「パートナーシップで目標を達成しよう」を頂点に、「経済圏」の基本である「社会圏」は最下層の「生物圏」によって支えられていることを示しています。

「此縁性」を持ち出すまでもなく、企業活動も自然・社会・経済環境と無縁ではありません。貧困、飢餓、保健、教育など17のゴール（達成目標）を見るだけでも、自らの商いや仕事との深い関連性を思います。

どんなに小さな商いでも、決して無縁ではありません。いえ、小さいからこそできることがあります。ゴールをめざす営みに取り組むとき、お客様という生活者は、あなたの店や企業に共感を抱き、応援のエールを送ってくれるでしょう。

福岡県北九州市の「魚町銀天街」は、日本で初めてアーケードをかけた商店街として知られていますが、もうひとつ日本初の取り組みがあります。2018年に、商店街としてSDGsをめざすことを宣言し、17のゴールの4番目「質の高い教育をみんなに」と、11番目「住み続けられるまちづくりを」を中心に、すべての目標に取り組んでいます。

「商店街は単に物を売ったり買ったりするだけの場ではありません。地域やコミュニティの再生と活性化のために役立ちたい」と、魚町商店街振興組合の梯輝元理事長は語ります。

この言葉に表われているように、物の売り買いの中にあって、物の売り買いを超えた価値を添えてこそ、店や企業は存在を許され、継続的に繁盛できる時代を迎えています。このとき、資本力や企業規模の大小は意味を持ちません。

「コロナ元年」となった2020年は、商いの環境も大きく変わりました。業種業態や取扱商品によって濃淡はありますが、最初の緊急事態宣言が発令された2020年4～6月期の実質GDPはマイナス7・9％。これは、リーマンショックの影響を受けた2009年のマイナス5・4％を超える、近年まれにみる最悪の事態でした。

「7割経済」と言われるほどに、多くの店や企業が売上げを落としています。大きく生活様式と生活意識が変わったニューノーマル（新常態）時代にあって、消費意識と消費スタイルだけが無縁ではありません。7割の売上げで、かつてのような利益を残すには、販売管理費をさらに削るか、付加価値を育みつつ粗利益を上げるしかないでしょう。

あなたはどちらを選択しますか？　本書では、後者の道を探っていくことをめざします。前者の道を進んでも、誰も幸せになれないからです。

この二つの事象からわかるのは、もはや成長優先のビジネスから卒業して、持続可能な商いを選ぶべきということです。商いの本質は「あきない」と書くように、未来につながる繰り返しにあります。継続して儲からなければ、本当の利益とは言えません。利益とはお客様から信頼された証拠であり、商人が責任を負う未来のための資源なのです。

商人の誠実さは繁盛で証明され、商人の知恵の深さはその利益で測れます。そのためにも、私たちはかつての成功体験を捨て、時代の変化に適合した新しいものさしを持たなければなりません。

それこそが本書のメインテーマ「新しい4P」なのです。

あふれる情報の中で、ビジネスは「顔」を見せる時代へ

山の民と海の民の物々交換——経済は、いにしえ人のこうした営みから始まったと言われています。フランス文学者の内田樹さんの著作『疲れすぎて眠れぬ夜のために』によると、山の民と海の民は物が余ったから交換したのではなくて、交換したかったからたくさん収穫したのだと記されています。

交換への欲求、これが経済を生んだのです。

また、経済学者の岩井克人さんは、ある経済誌のインタビュー記事で「これからは〝顔〟を見せることが価値を生む時代になる」と指摘しています（「ＤＩＡＭＯＮＤハーバード・ビジネスレビュー」２０１４年７月号）。

「人間は交換する動物です。フランスの文化人類学者、マルセル・モースが『贈与論』で指摘したように、人間とは他人と交換しなければ生きていけない社会的な存在です。交換活動が人間とサルを分けたと言ってもいい」と岩井さんは言います。

ただし、20万年以上続いた人類の歴史における大部分の「交換」は、貨幣によるものでは

なく「贈与交換」と呼ばれる部族間の物々交換でした。

一方の部族が他方の部族に贈与すると、他方の部族は返礼の義務を負います。他方が返礼すると、一方がまた返礼の義務を負い、その返礼に返礼が繰り返されるという形で交換が行なわれていました。

返礼するためには、誰の贈与だったのかを知らなければなりません。それゆえ「顔」の見える交換が必然であったのです。


貨幣経済の普及以降、「交換」はお金と引き換えに物やサービスを単に受け取るだけの、他者とのつながりを排除した無機的な〝作業〟になりました。このとき、逆に「顔」や個性は邪魔になります。

貨幣、これが経済を育てたのです。

こうして、「顔」は意味を持たなくなり、生産する者と消費する者のつながりは分断され、安さや利便性、迅速性が交換相手に〝選ばれる理由〟となりました。安くて便利、すぐに手に入れられるならば、相手は顔を知らない誰でもよいのです。

「安売りがなくなるなどと言うつもりはありません」と岩井さんは続けます。しかし、インターネットで簡単に安い価格のものが手に入るからこそ、人々は本能的に贈与交換だった頃の「顔」が見える安心や信頼を求めていると指摘しています。

物やサービスを提供する企業にとっても、会社やブランドとして、そうした安心や信頼をあえて築くことが、「戦略」として重要になっています。たとえば、インターネット時代の主役のひとつ、フェイスブックは名称自体に「顔（フェイス）」と付けるほどです。

今日、人は情報の足し算のみで物を買うわけではありません。社会が複雑になって不安定さが増し、インターネットの普及とともに情報量は増えました。私たちは、不確かなものを多分に含んだ情報の取捨選択に辟易としています。

だからこそ今、専門的知識を持った人や会社・店など、「目利き」と言われる専門家が提供する情報と、その信頼性が意味を持ってきています。

けれど、目利きを探すのは難しいものです。誰を信頼したらいいのかを、多くの生活者が求めはじめたがゆえに、会社や店が「顔」をあえて見せる必要性が増してきているのです。

たとえば、2003年に愛知県岡崎市で生まれ、今や全国約415地域、約2000商店街、約2万7000の事業者が取り組む「得する街のゼミナール（まちゼミ）」も、こうした流れの文脈上にあります。まちゼミは、商店主や従業員など、事業を営む当事者が専門家としての知識やノウハウなどを少人数制の講座スタイルで伝えるコミュニケーションを主体とした交流事業です。

生活者は、無料で事業者のプロならではの知識や知恵を学べます。商店主は、自身の「顔」や店の特徴を知ってもらうことができます。その結果、事業者と生活者それぞれの中に、顔がわかる人間関係が育ち、まちにはにぎわいが戻るという〝三方よし〟の地域活性化事業なのです。

「人には、自宅と職場の他にも、人とのつながりを持ち、自分を解放できる〝第三の場所〟が必要です。まちや商店街にある店はそんな〝第三の場所〟となれるし、まちゼミは商人と生活者が人間同士のつながりを回復させ、日々の暮らしを心豊かにしていく〝静かな革命〟なのです」とは、岡崎まちゼミの会代表の松井洋一郎さんの言葉です。彼は、まちゼミの普及と正しい実践を伝道するため、今日も全国を駆け回っていることでしょう。

これからは、リアルであれオンラインであれ、「顔」を見せる必要性はさらに高まります。日本が誇る世界最大の自動車メーカーであるトヨタですら、トップ自らがテレビコマーシャルに出演して、その「顔」と人柄を伝える時代なのです。

恥ずかしい？　そんなことを言っている場合ではありません。

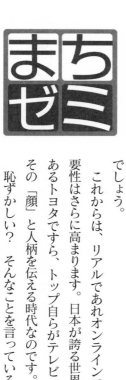

売れるしくみづくりは、新しい四つの「P」から始める

では、「顔」さえ見せていれば、商品やサービスは飛ぶように売れ、業績は右肩上がりに成長するのでしょうか？　さすがに、そんなことはありません。

これまでマーケティングにおいては、次の四つの「P」をプラン・ドゥ・チェックすることが重要とされてきました。１９６０年代に米国のマーケティング学者、エドモンド・マッカーシーが提唱し、友人であり著名な経営学者のフィリップ・コトラーが普及発展させたマーケティング理論です。

product（製品）
price（価格）
place（立地・流通）
promotion（宣伝・販売促進）

これら四つの「P」は相互に関連しており、整合性を保ちつつ精度を高めることがマーケティングの定石でした。自社は4Pのどこに強みがあり、どこに課題があるのかを分析して、それらを整えていくことが重要でした。

あえて「でした」と、過去形で説明したのには理由があります。このマーケティング理論が提唱されてからすでに60年、人間にたとえれば還暦を迎えています。その過程で、先進諸国において人口は増え続け、経済は成長し続けました。

しかし今日、時代は大きく変わりました。経済は低成長が前提となり、人口は多くの先進国で減少しています。さらに、インターネットの普及により、生活者が触れられる情報量は膨大に増えました。マーケティング理論だけは変わらない、と考えるのは無理があります。

これまで4000以上の企業や経営者を取材してきた中で、私はしばしばある疑問と向き合ってきました。従来型の4P理論では説明のつかない繁盛事例をたびたび目のあたりにしてきたのです。それら特異事例の数々から帰納的に、これから四つの「P」は次のように更新されつつあると私は考えています。

【story-rich product（物語性豊かな商品）】

product（製品）は story-rich（豊かな物語性）が重要性を増していくでしょう。商品は、これまで機能、価格、デザインばかりが先行していました。しかし、それらに物語性という付加価値が加わってこそ、思わず誰かに伝えたくなる魅力を持ち得るのです。

【philosophy（哲学・理念）】

私たち生活者は、単に「安さ」だけを求めているのではありません。多くの事業者が低価格ばかりを訴求し、他の選択肢を提示してくれないから、私たちは価格で選ばざるを得ないのです。商品の中に納得できるphilosophy（哲学・理念）を見出すことができれば、price（価格）は二の次になります。

その証拠に「共感」「応援」「感動」という言葉を冠した消費意識・スタイルが広がっています。お客様は、単に物を求めているのではなく、商品・サービスを通じて得られる共感や感動を求め、消費を通じて共感や感動を与えてくれる店や企業を応援したいのです。

【personality（個性・人柄）】

promotion（宣伝）の定石も大きく変わりました。ＩＴ技術の発達により、私たちは安価かつ臨機応変に販売促進を行なえるようになりました。その結果、多くの情報があふれ、その中から、自分にとってベストな情報を見つけることは非常に困難さを増しています。

このとき、私たちが頼りにするのは、信頼のおける人からの情報です。それは家族かもしれないし、知り合いのくわしい人かもしれません。そのとき、あなたが信頼できる対象となるために大切なのが personality（個性・人柄）なのです。

【promise（約束・絆）】

「インターネットの普及がビジネスの定石を大きく変えた」という見解に異論を唱える人は少ないでしょう。たとえば、商業はこれまでより恵まれた place（立地・流通）を求めて、商店街から郊外へと立地を移していきました。しかし今日、私たちは交通渋滞を我慢して店にたどり着き、広大すぎる商業施設を歩かなくても、スマホひとつでほとんどの商品を購入できます。

逆に、どんなに辺鄙な立地にあろうと、商圏を超えて多くの顧客が訪れる繁盛店を私はいくつも知っています。このとき顧客が求めているのは、そこを訪れれば必ず叶えられる promise（約束・絆）なのです。

つまりお客様は、信頼がおけて顔の見える personality（個性・人柄）と、promise（約束・絆）を結びたいと願っているのです。このとき、個性・人柄に対する信頼の根本には、自身の商いや仕事に対するphilosophy（哲学・理念）を持ち、それを具現したstory-rich product（物語性豊かな商品）が欠かせません。

そして、これら一連の「新しい４Ｐ」を、最も雄弁かつ効果的に伝えるのが「顔」なのです。顔とは営む者の「人格」であり、その店の「のれん」を指しています。


時代は繰り返すと言われます。と言っても、同じ階層をもう一周するのではなく、螺旋状に登りながら階層を上がって繰り返します。かつて、人類の経済活動で重要な役割を担っていた「顔」がものをいう、そんな時代に私たちはいるのです。

もちろん、従来の４Ｐがまったく機能しなくなるというわけではありません。業界や商品カテゴリー、そしてビジネススタイルによっては今後も重要です。

しかし、確実に「新しい４Ｐ」がその活躍の領域を広げているのです。

あなたは、お客様に「顔」を見せていますか？　そして、そこには見せるに足り得る「新しい４Ｐ」という裏づけがありますか？

次の章からは、それぞれの「Ｐ」が何を意味し、どのような商いや仕事を指しているのかを、具体例を交えて解説していきます。さらに、そうした「新しい４Ｐ」の種を見つけ、育てる方法をお伝えしましょう。

CHAPTER

1

PHILOSOPHY

商いの「哲学・理念」を確立する

消費者は価格の安さよりも、あなたの哲学・理念を求めている

店は客のためにあり
店員と共に栄え
店主と共に滅びる

終戦直後の日本では、混乱に乗じて客の足元を見るような商売が横行しました。闇市では不当な商売が行なわれ、儲けのために客をだますのは商人の賢さの証とされたのです。

そんな風潮に逆らい、「店は客のためにある」と唱えて、全国を駆け回って商人たちに説いた男がいました。男とは、その後「昭和の石田梅岩」と呼ばれた商業経営指導者、商業界創立者の倉本長治。やがて彼の主張は多くの商人を覚醒させ、日本の商業復興と発展の原動力となり、正しい商いに打ち込む商人たちの精神的支柱となりました。

冒頭の三行は、倉本の経営思想をひと言で集約したものとして、今なお多くの商業者の指針として受け継がれています。世界有数のカジュアル衣料品店チェーンとなった会社の会長

執務室にも、この言葉が額装して掲げられているのを目にしたことがあります。

今では、どこでも専売特許のように掲げられる顧客第一主義ですが、先んじて一行目に置き、その前提として必要不可欠な従業員の幸福を二行目で説いています。倉本が説きはじめた当時、それらはあまりにも革新的であったのです。

三行目の意味はわかりづらいかもしれません。これこそ、「新しい4P」の出発点であるphilosophy（哲学・理念）の重要性を説いたものです。いかに繁盛していても、店主が哲学・理念を見失ったり、ないがしろにしたら、店や企業はあっけなく滅びると断じています。

では、philosophy（哲学・理念）とは何でしょうか？　それは、あなたが己の限られた命をかけて「何のために商い、働くのか？」という問いの中にあります。倉本は、問いへの答えを「店は客のためにある」というひと言の中に込めたのです。

倉本が説くように、商売の目的は人の幸せをつくることにあります。その一点のためにのみ、商人は儲ける義務を負うのです。繁盛や利益は目的ではありません。

目的は、あくまでお客様をはじめとする、関わる人たちの幸せにあります。その目的が叶った姿を繁盛と呼ぶだけであり、その結果として利益が得られるのです。

商人の幸福とは、買う人の幸福をつくるところにあります。だから繁盛という大樹は、売る者と買う人という幸福の双葉から育っていくのです。

もちろん、price（価格）はビジネスをする上で大切な要素です。ただし、裏づけとなるphilosophy（哲学・理念）があってこその話です。単に、お客様を価格で釣るような商売には永続性はありません。

盛和塾を率いた日本を代表する経営者の一人、稲盛和夫さんは「値決めは経営」と言います。まさに、価格とは経営の根幹であり、意思そのものです。しかし、そこに哲学がなければ、価格はそれほどの意味を持ちません。

「お客様は安いものが好きだから……」と語り、値づけや値引きを商売のテクニックと捉えている経営者に会うことがあります。そんなとき、私は決まってこう言います。

「価格で釣ったお客様は、あなたの店から価格で離れていきますよ。そんな商売にやりがいがありますか？　それよりも、あなたが何のために、誰のために、どのような幸せを実現したいのかをお客様に伝えましょうよ。そうすれば、もっと楽しくなりますよ」

お客様は、単に「安さ」を求めているのではありません。多くの商人が安さばかりをうたい、他の価値を示さないから、お客様は価格で判断せざるを得ないのです。商人の熱い

philosophy（哲学・理念）が感じられ、それに共感できれば、price（価格）は二の次になります。哲学・理念への共感ほど、お客様と店や企業を強く結ぶ絆はありません。

哲学や理念というと、少し抽象的かもしれません。そこで、違う表現をしましょう。まず、あなたにとって最も大切な人を思い起こしてください。その人が好きなことは何でしょうか？　その人が困っていることは何でしょうか？　その人が望んでいることは何でしょうか？　あなたは、その大切な人の笑顔が見たいから、一所懸命に答えを見つけ出そうとするはずです。

そして自分自身を振り返り、自分に何ができるかを考え、躊躇なく実行します。ささやかな営みかもしれませんが、そこにはあなたの愛情や真心が込められているはずです。そうした愛情や真心は、確実に相手に伝わります。そして、その人は言うでしょう。「ありがとう」と。一人から発せられた「ありがとう」は、静かな池の水面に生じた波紋のように広がり、長く愛され続ける店を育てていくのです。

私は、これまでに多くの現場を取材し、そんな奇跡をたくさん見てきました。哲学・理念の重要性と、その実践の本質を知っていただくために、五つの店を紹介しましょう。

業界や業種が違う？　いいえ、商いや仕事の本質はひとつです。

売れるものより、「おいしいもの」だけを売る

まるおか（スーパーマーケット）

「どうせ商売をやるのなら、ちゃんとね……そう、ちゃんとやりたいですね」

こう語るのは、群馬県高崎市にある小さなスーパーマーケット「まるおか」の店主、丸岡守さん。70代後半となった今でも肌につやがあり、内面からあふれ出るエネルギッシュさからは、とてもそれほどの高齢には見えません。

この店を予備知識なく訪れた場合、お客様の多くは次のような疑問を持ちます。

「なぜ、テレビコマーシャルで宣伝している有名なナショナルブランドがないのか？」

「なぜ、牛乳が720ミリリットルで1778円も、バターが2580円もするのか？」

また、同業者や業界通はこんな疑問を抱きます。

「なぜ、この小さな店に毎年30件以上の視察依頼が引きも切らないのか？」

「なぜ、この店の一人あたりの平均購入金額は業界平均の2倍近くもあるのか？」

その理由を探っていくと、同社の philosophy（哲学・理念）にたどり着きます。おいしさと健康でみんなを幸せに――これが、まるおかの経営理念です。

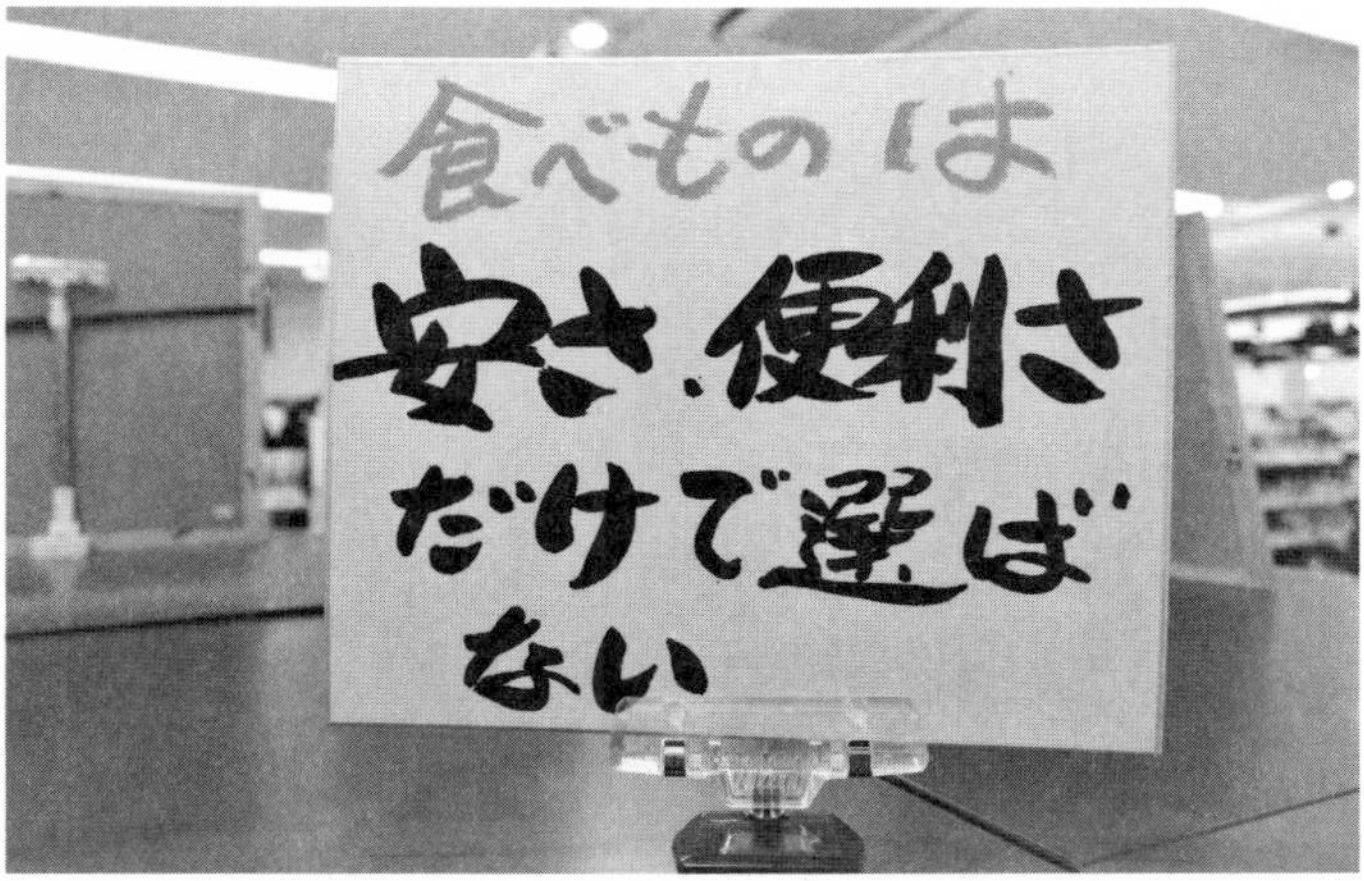

筆文字で書かれたまるおかの哲学・理念。売場には、他にも多くの手書きPOPが価値を伝える。

まるおかを初めて訪れたお客様は、二つの行動をとる人にみごとに分かれるそうです。ひとつは、小さな店ながら長時間にわたって売場を回り、買い物かごに入りきれないほどの商品を詰め込む人。もうひとつは、何も買うものを見つけられなくて空の買い物かごのまま、短時間で店を出ていく人。

この店には前述のように、テレビコマーシャルでよく見るナショナルブランド商品は一切ありません。だから、そういう買い物に慣れ親しんできた人にしてみれば、何を買っていいかわからないのです。

「〝教える〟と言ってはおこがましいのですが、お客様に本当によいものを伝えることが商人の役割です。そんなよいものを、情熱を込めてつくる生産者の想いと価値をお客様に伝えること、それが商人の喜びです」と、丸岡さんは品揃えの理由を語ります。

「とりわけ食料品においては、売れるものがよいものではありません。コマーシャルに洗脳されたお客様が望む品を売るのではなく、お客様のためになるものを伝え、共感していただき、購入していただく。商人のやりがいはそこにあります」

とはいっても、丸岡さんは初めからそう考えていたわけではありません。終戦後に食料品店を興した父母の跡を、大学卒業後に継いだばかりのあるとき、丸岡さんは青果市場で父にこう言われました。

「いいか、よいものは仕入れるなよ」

意味がわからず、問い直すと父は言いました。

「よいものは高い。それが世の道理だ。高いものを仕入れても、お客さんは買っちゃくれない。結局、粗利を下げて売らなくちゃいけなくなる。そうなったら、儲からないだろう?」

「なるほど」と思いながらも、丸岡さんは父の言葉に言いようのない違和感を覚えたといいます。そんな商売をこれからずっと続けていくのか、と思ったのです。

ローカル立地にある同店の周辺にも競合チェーンが進出し、同じような商品を同じような価格で売っているだけでは、安さと便利さに優る資本力のある競合店にはかなうはずもあり

おすすめの商品に貼られる「社長すいせんの品」のシールは丸岡さんによるおいしさ保証の実印に等しい。

ません。まるおかも、徐々に追い詰められていきました。

そこで丸岡さんは考え抜いた末に、決断しました。それが冒頭に紹介した言葉です。

では、丸岡さんのめざす「ちゃんと」とは何でしょうか？　それは、自分が本当においしいと思うものだけを、適正利益をいただきながら販売することでした。

しかし、それは決して簡単なことではありません。多くの店が挑戦するものの、こらえきれずに元の商売に戻ってしまいます。

まずやめたのは、スーパーの常道、価格訴求一辺倒の折り込みチラシでした。その分の費用を仕入れ活動に充て、商品価値を説明できるスタッフを雇用し、教育することに投資したのです。

それでも、せっかく見つけたよい品の価値はなかなかお客様に伝わらず、廃棄を覚悟しながら仕入れ続け、自ら店頭に立って試食説明販売を続けました。すると、少しずつ丸岡さんの言葉と商品のおいしさがお客様に伝わっていき、丸岡さんに対する信頼が積み重なってファンが増えていったのです。

まるおかの品揃えの基準は、おいしいことに加えて、安全・安心であることへと自然と向かいました。「人は食べるものでできているんですよ。まさに、食は命です。なのに、安さや便利さだけで食べ物を選んでよいのでしょうか?」とは、丸岡さんの品揃えの哲学。安全・安心でおいしいものだけを全国に探し求め、一つひとつ品揃えしていった結果、売場からテレビコマーシャルでよく見かけるナショナルブランドは消えていきました。

では、そうした商品の価値をどうやって伝えているのでしょうか? その問いに対する答えのひとつが、「社長すいせんの品」というシールです。選りすぐられた5000品目のうちのさらにひとにぎり、おすすめ中のおすすめ商品にのみに貼られています。

「本当はすべての商品に貼りたいんだけど、そうしたらお客さんが困っちゃうでしょう。だから、お客さんがその価値に気づいた商品には付けません。シールが付いているということは、まだその価値をお客さんに伝えきれていないということです」

その話を聞いて思い起こした一篇の文章があります。商人にあるべき道を示した経営指導者、岡田徹の遺した『岡田徹詩集』の一篇です。

〈商売の道は人間の誠実を尽す道でありたい。店のつくりで　螢光燈で　アーケードで　お客をひきつけようとする前に、私の店は正直な店ですと　唯このひと言を　天地に恥じずに云い切れる商売をしようよ。商品の豊富さを誇る前に　値段の安さで呼びかける前に　一つ一つの商品にあなたの実印を捺して差上げたい。〉

丸岡さんが貼る「社長すいせんの品」のシールは、まさに実印のように重みを持つもの。それをお客様は知っているから、シールが貼られた商品は飛ぶように売れていきます。それは丸岡さんの哲学への信頼の証にほかなりません。

あなたは、あなたの商品に実印を捺しているでしょうか？　そこに哲学や理念を込めているでしょうか？


売れるから売るのではなく、哲学・理念に基づいて、売るべきものの価値を伝えよう。

損得より善悪を優先する地域一番店の志

芝寿し（持ち帰り寿司・弁当店）

石川県金沢市の「芝寿し」は、持ち帰り寿司・弁当の製造販売を行なう地元きっての名店。1958年の創業以来、地域の生活者の信頼を得ながら、北陸三県でのれんを育ててきました。のれんは、創業者である故・梶谷忠司さんから二代目の晋弘さんへ、2014年には三代目の真康さんへと、商人の志と共に受け継がれています。

代表商品は、笹の葉で押し寿司を包んだ「笹寿し」。石川県白山市にある大社、白山比咩（しらやまひめ）神社の参道で販売されていた笹餅をヒントに、忠司さんが考案したものです。笹の葉の香りと上質な素材の味わいが北陸人の舌をとらえ、同社の発展のきっかけをつくりました。

芝寿し二代目の梶谷晋弘さんは1969年、22歳のときに家業に入ります。幼い頃から、「おいしい寿司を提供し、お客様に幸せになっていただく」という父の志を繰り返し聞いて育ってきたので、承継はきわめて自然なことでした。

忠司さんは、創業時より毎日たいへんな努力を重ね、笹寿しを育てました。最後の1個が

芝寿しの「芝」は電機メーカー・東芝に由来している。その理由は同社ホームページを参照されたい。

売り切れるまで営業するのは当然のこと。夜遅い夕食をようやく食べながら、それでも両親がいつもお客様に感謝する姿を間近で見て、晋弘さんは育ちました。

現在では、北陸だけで年間1100万個以上を製造し、当地のソウルフードのひとつに数えられる笹寿しも、発売当初から人気を得ていたわけではありません。考案者である忠司さんと、当時の販売責任者だった晋弘さんの、商品に対する熱意には温度差がありました。

「会社を辞めてまえ!」

販売残数を毎日報告し、採算性を考えて生産を抑えるよう説得する晋弘さんを、忠司さんは叱りつけたことがありました。

「価値あるものなら、必ずお客様に受け入れられる。もし受け入れられないならば、それは価値の伝え方が足りないからだ。こちらの姿勢に一歩引いたところがあれば、お客様の心など動かせるものではない」と、忠司さんは笹寿しの将来性を確信していたのです。

そこで、笹寿しの広告を365種類つくり、地元紙に1年間毎日掲載し続けました。その気迫が効を奏して、爆発的なヒット商品となり、それを原動力に芝寿しは石川、富山、福井の三県で販売網を拡大していったのです。

「そのとき、創業者の強い思いを痛感した」と、晋弘さんは振り返ります。「弊社は売り方、つくり方、伝え方を時代に合わせて変えてきているだけで、『とにかく、おいしいものをお客様に提供する』という創業者の一貫した思いをまったく変えていません。食べ物商売はそれに尽きます」。

〈古くして古きもの滅び　新しくして新しきものまた滅ぶ　古くして新しきもののみ　永遠にして不滅なり〉

これは、「商人の道場」と言われ、数多くの商業者を育成し、日本商業の発展に貢献した商業界ゼミナール草創期の名講演家の一人、新保民八の言葉。商業界ゼミナールに、第1回目から通い続けた忠司さんの商いの骨格を成す思想です。400年の伝統ある金沢の祭り寿

古民家を移築した飲食施設「芝寿しのさと」では、日本のごはん（お米）文化や伝統を伝える。

司をルーツに持つ笹寿しの歴史を、パッケージやデザイン、キャッチフレーズを施して、現代的な洗練されたイメージで売り出したところにも「古くして新しきもののみ　永遠にして不滅なり」の教えが息づいています。

また、「雨天キャンセルＯＫ」は芝寿しの評判を高めるきっかけのひとつとなりました。たとえば、地域の運動会で大量の注文をいただいた当日に雨が降れば、行事は中止となり弁当は不要になります。といっても、当日キャンセルなど受けてくれる店はないし、当然のようにキャンセル料が発生します。

しかし、損得よりも善悪を優先し、お客様のための商いを貫くのが忠司さんの信念です。そこで地元紙に〈芝寿し　雨天キャンセルＯＫ――予約されても当日雨が降ったら、電話でキャンセルして下さい〉と広告を出したところ、市民から多くの反響を集めました。

もちろん、正しい理念を掲げていても、それが商売として成り立つしくみがなければ、理念はただの空念仏に終わります。論語とそろばんは二つ揃ってこそ意味を持ちます。

芝寿しでは、着実に店舗数を増やし、そうしたキャンセル分を売り切る力を身につけていたからこそなしえたのです。雨天キャンセルＯＫのサービスは、今も創業者の哲学・理念の実践として続けられています。

「原価率とか自己資本率とか賢い商売をするな、と創業者から言われ続けてきました。経営とは、縦軸の『経』、横軸の『営』で成り立つものです。経とは経典であり、企業活動で言えば理念。これがぶれてはいけない。営とは技術であり、経を実践するための方法です。それは時代や環境と共に変わっていくのが当然です。変えなければならないのは、商品や価格など時代が要求するものです。変えてはいけないものは、商いの信念と理念なのです」

こう語る晋弘さんは社長在任中、創業者の志を守り続け、事業をさらに発展させました。そして現在、百年企業をめざして、その志は三代目の真康さんに託されています。

商業界創立者・倉本長治は、前述したように「店は客のためにあり　店員と共に栄える」と併せて、「店主と共に滅びる」とうたいました。「経営者が志を見失えば、店はあっけなく滅びる」ことを強く諫（いさ）めているのです。

「これからも、地域において芝寿しがなくてはならない企業であり続けるために、『店はお客様のためにある』という創業の精神を追求し続けます」と語る真康さんの志こそ、百年企業への要件にほかなりません。

「芝寿しは従業員の家族も合わせて100人以上から成っている。その人たちを幸せにせんとあかん。お客様を幸せにせんとあかん。皆が幸せになるために、経営者、従業員とも一所懸命勉強し、努力しよう。お客様に『どうせ買うならあそこで買おう』と思うてもらえる会社にするために、一番大事なのは心だ。店主と従業員が、お客様のために心を込めてサービスするということが大事。迷ったら、まずその基本から始めたらいいだけや」

忠司さんの生前の言葉は、時代を超えて生き続ける真理なのです。

順境はもちろん、逆境にも感謝できる人は好運を引き寄せることができる。

売上げを追わない常識外れの100食限定店が支持される理由

佰食屋（国産牛ステーキ丼飲食店）

2012年、京都市内の住宅街に開店した「佰食屋（ひゃくしょくや）」は、一食1000円の国産牛ステーキ丼で人気の店。いくらお客様から求められようと、100食以上提供しない店ですが、そこには創業者の哲学があります。

「食の安全性が危惧される時代に、安全・安心でおいしいものを皆様にご提供したい。しかも、誰でも食べに行ける値段にもこだわりたい。そんな思いを形にしたのが佰食屋です。新鮮なものを食べてほしいから、毎日100人分の食材を仕入れ、100人にご提供する。そうすることで、新鮮でつくりたてのおいしいお料理をご提供することができます」と語るのは、創業者の中村朱美さんです。

その根本には、売上げに固執せず、家族との時間を優先する新しい働き方を実践するという、これまでの飲食業界の常識とは異なる中村さんの思いがあります。ご自身も家庭を持ち、二児の母だからこそ大切にしたい生き方なのです。

「毎日家族でご飯を食べる。お花に水をあげる。こまめにシーツを取り替える。たまには本

中村朱美さんは、業界常識を覆す手法で、飲食店でのワークライフバランスとフードロスゼロを実現。

を読んでみる。開業にあたって重視したのは、そんなふうに〝自分の人生を丁寧に生きる〟ということでした。私たちは、お金がたくさん欲しいわけではありません。お客様も働くメンバーも、みんなが幸せになれるお店をつくりたい。100食限定のため、営業時間はお昼だけ。ランチで売り切れてしまうから、営業時間はお昼だけ。それは、働くメンバーが仕事もプライベートも大切にできるし、よりおいしい料理とよいサービスをお届けできるからです。人を大切にするお店でありたいという想いを、店名の〝佰〟という字に込めました」

こうした働き方をもっと多くの人と共有したいという思いから、日曜定休、9時から15時のたった6時間を2人だけで営業ができ、50食で採算がとれるしくみを取り入れた「佰食屋

「1/2（にぶんのいち）」を開店させてきました。

従業員、お客様など、佰食屋に関わるすべての人たちを大切にしたいとつくりだした「100食限定」というビジネスモデルには、五つのメリットがあります。売上至上主義とは真逆の、売上げを追わない経営が生み出した奇跡と言えます。

第一には、長時間労働からの解放です。佰食屋の営業時間は11時から最長でも14時30分まで。それまでに100食を売り切るので、どんなに遅くなっても、正社員でも17時45分までには帰れます。一人ひとりが自分で勤務時間を決めることができ、ライフスタイルの変化に合わせて、その変更も可能です。

パート・アルバイトは、もっと短時間かつ自由な働き方ができるしくみがあります。それゆえ、子育てや介護中の人、シングルマザー、高齢者、障がいのある人など、さまざまな背景を持つ人たちが自分の生活を大切にしながら働くことできるのです。

第二には、フードロスの解消による環境保護と経費削減です。100食限定でメニューも絞り込まれているから、余分な食材はそもそも発注しません。ですから佰食屋には、飲食店にあるはずの冷凍庫がありません。

また、電話やインターネットによる店内飲食の予約を受けません。ご来店いただいての整

夫のレシピをもとに開発された「国産牛ステーキ丼」は原価率 50%の美味・お値打ち商品。

理券手渡しのみという営業スタイルゆえに、一般の飲食店で頻繁にある無断キャンセルはほとんどありません。それゆえ、ロスがほとんど出ないのです。だから、後述のように原価をしっかりとけ、かつお値打ちな価格設定が可能になります。

第三は、シンプルな経営の実現。鍵となるのは、圧倒的な商品力です。一般的な飲食店の原価率は30％程度ですが、佰食屋は常識破りの50％。毎日仕入れる国産牛と国産米のみを使い、ミシュランガイド掲載店レベルのおいしさをお値打ち価格でつくれる理由です。

それゆえ商品そのものに、食べた人がみんなに教えたくなるほどのクチコミ伝播力が宿ります。だから佰食屋では、一般的には15％ほどかけられる広告宣伝費が一切不要。広告宣伝費を原価に上乗せして、さらに高い商品力を追求しています。

宣伝やマーケティングを必要としないので、経営は自然とシンプルになります。

第四は、どんな人も即戦力になることです。佰食屋が大切にしている働き方は、「コツコツと丁寧に、毎日決められたことをきちんとやること」と中村さん。そのために佰食屋の仕事は、年齢・性別・学歴・経験を問わず、誰がやっても3カ月もあれば、身体で覚えられるものに絞り込まれています。

「『単調な仕事だと工夫をしなくなるのでは?』と言われますが、毎日同じことを繰り返すからこそ、些細な変化や違和感に気づくことができます。その違和感から、お客様がもっと過ごしやすくなるような、または自分たちがもっと働きやすくなるようなアイデアが続々と生まれています」

第五は、売上至上主義から解放された、働く人にやさしい働き方の実現。佰食屋の経営目標は「1日100食」のみ。これで経営が成り立つしくみだから、それ以上に売上げを追いかける必要がありません。だから、従業員はお客様に満足してもらうことに時間と情熱を傾けることができます。

創業からしばらくの頃、売上げが伸び悩んでいたときのこと。創業店近くには韓国人向けの学校があり、お客様の一部に韓国の人たちがいました。すると、従業員たちは自発的に韓国語の勉強を始め、より快適に利用してもらおうと、あいさつやメニューの説明を丁寧に行なったのです。そのうちの1人の利用客が投稿したブログをきっかけに来店客が増えはじめ、業績が好転したことがありました。

「あくまでも利益は結果です。お金は夢を叶えるための道具にすぎません」と中村さんは断言します。その夢とは、お客様においしいと喜んでもらえるメニューを提供し、従業員が生き生きと働ける店をつくること。その哲学がぶれることはありません。

本来、売上げとは事業の目的を実現するための手段。しかし、多くの事業者が手段と目的を取り違え、本来の目的を見失って苦しんでいます。「それはそうだが……」と反論する事業者が多い中、彼女はやり続けています。それは確固たる哲学に基づいているからにほかなりません。

だからこそ、佰食屋は熱い共感を呼び、多くの顧客から支持されているのです。

儲けは手段にすぎない。本来の大切な目的を見失ってはならない。

創業の志を忘れなければ、どんな危機も乗り越えられる

コスコジ（婦人服・子供服・雑貨店）

2020年版「中小企業白書」によると、廃業率の上位を占めるのは小売業、宿泊業・飲食サービス業という店舗ビジネス。開業数も多いことから、〝多産多死〟の業種と呼ばれています。しかも、他業種と比べて労働生産性は決して高くはないため、多くの起業者が夢を追うものの、その多くが夢破れていくのもまた現実です。

加えて、新型コロナウイルス感染症の拡大で景気は冷え込み、売上げがコロナ禍前の7割にとどまる業種が少なくありません。とりわけ厳しい局面に置かれているのが「衣食泊」。衣とは衣料品、食とは外食、泊とは宿泊。これらの業界では、倒産や廃業が相次いでいます。

そうした多産多死の荒波を乗り越え、さらには多くの衣料品店を危機に陥れているコロナ禍を生き延びて、お客様と固い絆のコミュニティをつくり、着実にファンを増やし続ける店があります。埼玉県さいたま市を拠点に6店舗を展開、「笑顔創造店舗」をストアコンセプトに婦人服、子供服と雑貨を商う「コスコジ」です。

コスコジの理念
ぜ私たちがこのお店をつくりたいと思ったか
それは親子の笑顔が見たいから
なぜ見たいのか
それは子どもと親がいっしょに笑っている
の瞬間が人生最高の時間だと思うから
はそんな笑顔のお手伝いがしたい
んな一瞬に立ち合いたい
のお店をつくる理由です
とりでつくるものではい

立ち上げ期の厳しさもコロナ禍も、「理念を見失わなかったから今がある」と小杉光司さん。

同社も、ここまで順風満帆な航海を続けてきたわけでは決してありません。「何度も試練が襲いました。それでも企業理念を見失うことなく、大切なものを大切にし続けてきたからこそ、今があります」と振り返るのは、店主の小杉光司さん。呉服店を稼業とする家に生まれ、大手衣料品店チェーンでの勤務を経て、2007年に独立開業しました。

理念を見失わないように、コスコジではすべての店に次のような言葉を掲げています。

〈なぜ私たちがこのお店をつくりたいと思ったか
それは親子の笑顔が見たいから
なぜ見たいのか
それは子どもと親がいっしょに笑っている

その瞬間が人生最高の時間だと思うから
私たちはそんな笑顔のお手伝いがしたい
そんな一瞬に立ち合いたい
それがこのお店をつくる理由です
笑顔は自分ひとりでつくるものではない
誰かに与え与えられるもの
子どもが笑えば家族が笑う
家族が笑えば子どもも笑う
そんな笑顔のきっかけづくりの出来るお店
それが私たちの目指すお店です〉

「数百円しか売れない日が続いたり、メーカーが商品を卸してくれなかったりと、独立して4年間は赤字続きで、娘にランドセルも買ってやれませんでした。そんなつらいことがいろいろあると、『俺は、何のためにこのお店を始めたんだっけな?』って、よくわからなくなるときが正直ありました。そんなとき、この理念を何度も何度も読み返してきたんです。今でもそうです。理念を読み返すと、開業日の朝の気持ちに僕は戻れるんです」と、小杉さんは企業理念を張り出す理由を語ります。

そうした小杉さんを、家庭では妻として支え、仕事では店長として助けるのが妻の美香子さんです。小杉さんのチェーン店勤務時代は転勤のたびに連れ添い、8年にわたる交際を経て、反対する両親に、美香子さんが勘当を迫ってようやく結婚した二人です。

「家族の笑顔」を理念とするコスコジでは、家族で読めるニューズレターを発行し続ける。

「私には夢と言えるものがありませんでした」と美香子さんは振り返ります。「自分の店を持ち、たくさんの笑顔をつくるのが夫の夢。それを手伝うため、サラリーマン家庭に育った私が、幼い娘を保育園に預けて店に立った当時は、不安でいっぱいでした。けれど、お客様からいろんな楽しさと元気をいただけ、いつしか私もたくさんの女性の笑顔を増やしていきたいと、心から思うようになっていました。そう、夫の夢が私の夢にもなったのです」

そんな美香子さんの笑顔こそ、実は小杉さんが最も大切にし続けているものです。小杉さんにとって、商いの哲学・理念（philosophy）は生きる指針であり、生涯をかけて追求する価値を持った人生の目的そのものでもあるのです。

どんな優良企業でも、企業理念がお題目になったり、ないがしろにされたりすれば、没落は必定です。逆に、どのような危機を迎えても、理念を保ち続ければ乗り越えていく原動力となります。新型コロナウイルス感染症の拡大は、そんな危機のひとつです。

コロナ禍を乗り越えるために、小杉さんがまず行なったのが、スタッフへの物心両面の支援でした。小杉さんにとって、スタッフは単なる労務提供者ではなく、理念を共に追求する家族そのもの。そんな大切なスタッフを、感染リスクにさらすことは理念に反しました。

そこで、すぐさま資金を手当てし、テナント賃料の減額交渉にあたり、仕入れ先との納品・支払いの調整をすませると、コスコジは緊急事態宣言期間中の休業に入りました。その間も、スタッフへは給与を100％保障し、小杉さんはスタッフ一人ひとりとコミュニケーションを取り続けたのです。

次に取り組んだのが、事業の見直しです。

「何があっても誰かのせいにせず、自分でやるべきことをやるだけです。大切なのは目先の帳尻合わせではなく、将来を見据えた上での事業のアップデートです」と言う小杉さんが店長たちと取り組んだのが、品揃え、店舗運営、販促など、あらゆる業務の再構築でした。

これまでにも、大切なものを守るために変わることを、小杉さんは恐れませんでした。品揃えを変えてきたことも、人材の成長に併せて一つひとつ丁寧に店を増やしてきたことも、常に革新をやめなかった同店の歴史であり、その営みに終わりはありません。

なぜなら、軸には変わらない理念があるからです。その理念がお客様に理解され、商売の実際と矛盾なく一致しているとき、顧客から寄せられる共感はより熱量の高い熱狂へ、愛着から無二の存在へ、信頼から応援へと昇華していくのです。

国内外で名だたるアパレル大企業が経営破綻に追い込まれるコロナ禍にあって、休業後も「業績は堅調」と小杉さん。同店を愛する顧客とスタッフとの絆が、危機を迎えてさらに固く結ばれているところに、その要因があります。

一人で見る夢は夢にすぎないが、
誰かと見る夢は現実になる。

「誰に」という対象を絞り込むと、多くのお客様に末永く愛される

いとしや（眠りの専門店）

商いを形づくる要素は、それほど多くはありません。「誰に（WHOM＝対象顧客）」「何を（WHAT＝商品・サービス）」「なぜ（WHY＝経営理念）」「いつ（WHEN＝商機）」「どこで（WHERE＝立地）」、そして「どのように（HOW＝業態・販売方法）」、という5W1Hの実践につきます。

これら六つの中でも、「誰に」は最も大切な要素であり、今後ますます重要度を増すでしょう。なぜなら、人口減少期を迎えた今日、もはやお客様は無限に存在するわけではないからです。需要が供給を上回っていた時代ならば、「誰に」が漠然としていても、旺盛な需要が商人の無為無策を補ってくれました。

しかし、今やモノはあふれ、消費者の嗜好は多岐にわたります。「あの人に」と言い切れるくらいに対象顧客が明確であってこそ、他の五つの要素も明確になります。満足させたいお客様を一人にまで絞り込むと、お客様は増え、売上げは利益と共に上がっていくのです。絞れば絞るほど、「それって私のことだ！」と思ってくれるお客様は広がります。

PHILOSOPHY

店舗前の駐車場に掲げられたいとしやの理念「アフター9のリラックス」は、顧客への約束だ。

そして、このとき欠かせないのが、5W1Hを通して、どのような価値や喜びを提供するかという顧客への約束（promise）であり、そこに生まれる絆なのです。

寝具から家具、カーテン、絨毯、ランプ、インテリア小物、ハーブティー、本、CD、アロマに観葉植物——。店内に揃えられている商品を聞くだけでは、「何屋」と呼べばいいのかよくわからない店が大分市にあります。実はこれらはすべてひとつの生活シーンの充足を目的としています。質の高い眠りや環境を通して心地よい暮らしを提案することです。

「アフター9のリラックス」というストアコンセプトを掲げ、従来の布団店の常識を超越した品揃えによって、商圏を超えて全国にファンを持つ

「いとしや」は、快適な眠りとすがすがしい朝を迎えるための〝コト〟を販売しています。「布団屋」から脱却して「眠り屋」を極める同店は、お客様を「生活を楽しみ、時間を丁寧に使う生活者」という感性軸で絞り込み、お客様に心の豊かさを提供することを約束し、それに専念しているのです。

いとしやでは対象顧客を、モノを使い捨てるのではなく、買うプロセスを有意義に感じられる女性に絞り込んでいます。当然、商品に対しても厳しい目を持っていますから、そうした女性の感性に合わない商品は、たとえ他店で売れていても売場に置くことはありません。

「商品を仕入れる際にも、常にイメージするお客様を思い描きながらセレクトします。たとえば、タオルは白とオフホワイト以外の色は思い切ってカットするなど、複数の選択肢からお客様に自由に選んでもらうのではなく、想定したお客様に合う商品だけを揃えています。『あなたには、これ』と言い切れる商品ほど、多くのお客様からご支持いただけます」と店主の大杉天伸(ひろのぶ)さんは言います。

お客様への情報発信には、地域の情報誌やＤＭ、ニューズレターを用い、チラシはほとんど打ちません。また大杉さんは、地域のラジオ情報番組に「眠りのプロ」として出演しており、それを聞いたリスナーが数多く来店します。

理念をもとに、自店が大切にしたい顧客像を明確しているから、品揃えも明瞭でぶれがない。

お客様のクチコミによる新規客が多いのも、同店の特徴です。既存のお客様が自身と価値観の似ている友だちを連れてきて、誇らしげに店の特徴を話してくれるのです。

また、「スタッフは最も重要な顧客」と大杉さん。なぜなら大杉さんの哲学（philosophy）に共感する最大の理解者だからです。「私たちはお客様にモノではなく、何を売ろうとしているのか」と、大杉さんはスタッフに毎日問い続けます。

接客では「どちらにしましょうか？」は禁句です。その言葉を聞くためにお客様はわざわざいとしやを訪れるわけではなく、「これがいいです」と言ってもらいたくて来るからです。

たとえば、「枕が欲しい」というお客様には、快適な目覚めのための枕を知ってもらうため、接客に40～50分はかかることを伝えます。「10分しか時間がない」というお客様にはカルテだけをつくり、その場で商品はおすすめしません。するとそのお客様は時間のあるときにまた来店してくれるのです。枕を売る10分と、眠りの大切さを説明する10分とでは、お客様の受け止め方がまったく違うからです。

このように、いとしやでは顧客は誰かを明確にすることで、自分たちがお客様に伝えるべき価値をつくり出しました。だから、お客様自身が気づいていない潜在ニーズを顕在化でき、商品としておすすめできるのです。お客様は、自分以上に自分を理解して、その解決策を提案してくれる店を信頼し、その絆は太くなります。

結果的に客単価が上がり、リピート率も高まり、顧客一人あたりの生涯購買額は上がります。さらに、ロイヤルカスタマーとなったお客様は新たな仲間、すなわち未来のロイヤルカスタマーを連れて来てくれます。そして、店は同じ価値観を共有する顧客のコミュニティへと成長していくのです。

「お客様自身がその空間の中に身を置くと、輝き出すような環境を提供することです。好きな世界に触れて心地よくなるようなショッピングの楽しさを感じていただく。その中で、お客様の潜在欲求を顕在化させます。この店に出会っていただくことで、お客様の潜在ニーズを開花させるのです」と大杉さん。

お客様から信頼される、その道のプロとしての知識と提案力を磨き続けよう。

たとえば、お客様が店内に置かれた6人掛けのテーブルを見て、紅茶を飲みながら過ごす穏やかな時間を自宅でも味わいたいと思い、自宅で紅茶を飲むシーンが目に浮かんだとします。「いつかはこんな6人掛けのテーブルが欲しい」と思います。

そうするとリフォームのときなどに、この6人掛けのテーブルがリフォーム図面の段階で入っているのです。お客様はいつか自宅の居間にこのテーブルを置くと決めています。

価値観、モノを選ぶ規準、未来への希望などをお客様と共有できていると、お客様は長く店を使ってくださるようになります。その場を訪れることが、そのお客様にとって買い物を超えた体験になるからです。

「散歩のついでに立ち寄ったお客様が、『今はポケットの中に小銭しかないけれど、この店で何か買って帰りたい』と思う、そんな関係性が私たちの考える商いです」と言う大杉さんは、「布団屋」から「眠り屋」を極め、そして「未来屋」をめざしているのです。

philosophy（哲学・理念）を確立するための三つの質問

ここまで、philosophy（哲学・理念）をはっきりと持ち、それを伝え続けることでお客様はもちろんのこと、従業員、取引先、地域社会からも支持され、繁盛している店とその取り組みを見てきました。

こうした繁盛は、少しの工夫と継続であなたにも必ず実現できます。

「……でも、私には哲学や理念なんてないし、考えたこともない」

しばしば、こうした〝できない理由〟を耳にします。

しかし、答えは必ず自分自身の中にあります。繁盛のために欠かせない哲学・理念という青い鳥は、業界常識の中にでもなければ、競合他店の売場にでもなく、あなた自身の思いの中に棲んでいるのです。

経営学の父と言われたピーター・ドラッカーは、著作『現代の経営〈下〉』に次のように記しています。

〈まったくのところ、最もよく見られる誤りは、正しい問いを発することではなく、正しい

答えを得ることに焦点を合わせることによってもたらされている。〉

つまり、正しい答えを得るためは、正しい問いこそが必要です。正しい問いを立てることが、最も早く確実に正しい答えにたどり着く近道だ、とマネジメントの権威は説いているのです。

そこで、philosophy（哲学・理念）を確立するための三つの質問を用意しました。心を落ち着かせて、ゆっくりと自分に問いかけてみてください。

それぞれの問いに対して、思いつくことをできるだけ数多く、具体的に書き出してみましょう。同じような内容になってもかまいません。何度も思いつくということは、そこにあなたの philosophy（哲学・理念）の種があるからです。

質問① あなたが最も喜びを感じる瞬間とはどんなときでしょうか？

あなたは何のために仕事をしているのでしょうか？

「えっ、それは生活していくためでしょう？」

もちろん、それも正しい答えです。生きていくためには食べていくことは欠かせないし、商売は儲けなければ続けられません。

では、質問を変えます。あなたは何のために生きているのですか？　何のために商売をしているのでしょうか？

あなたは、本当は知っているはずです。商い、仕事をしているのは、誰かの役に立ち、誰かに喜んでもらうためだと。お客様に「ありがとう」と言ってもらえたとき、あなたは最も喜びを感じることでしょう。

それをもっと具体的なシーンとして思い起こしてください。一日の仕事の中で、どんな瞬間に喜びを感じるでしょうか？　そこに、あなたが漠然としたまま持っている哲学や理念のヒントが見つかるはずです。

質問②　お客様に何と言われて喜ばれたいでしょうか？

あなたは、これまでにお客様から喜ばれて声をかけられたり、お礼状をもらったりした経験があることでしょう。その中で、最も強く思い出として残っているエピソードや言葉は何でしょうか？

「そんなこと、あったかなあ？」と不安になることはありません。必ずあるはずです。そうでなければ、あなたはこうして商売を続けているはずがないからです。

「ここに来ると、なんとなく心あたたまる」

「そうそう、これが欲しかったんだ。なんでそれがわかったの？」

「あなたと話していると、とても楽しいの」

そんな何気なく言われたお客様のひと言の中に、あなたを輝かせ、あなたの商いを形づくる哲学・理念の種があります。

質問③ 死後に何によって憶えていてもらいたいでしょうか?

人間は二度死ぬと言われます。一度目は肉体が滅びたとき、そして二度目は人の記憶から消えたときです。だから、私たちは死後も人の記憶に残ろうと、今を懸命に生きるのです。

このとき、あなたはどんなふうに憶えていてもらいたいでしょうか? それを仕事というフィールドの中で考えてみてください。

答えはすでに持っているはずです。それは、あなたが短絡的な損得にとらわれることなく、懸命に尽くす営みの中にあります。それは接客かもしれないし、商品開発かもしれません。「ああ、これを売場で見つけたら、あのお客様がきっと喜んでくれる!」と、ワクワクしながら仕入れをしているときかもしれません。

それは自分が好きなことであり、自分が得意なことです。そこにあなたの魅力と強みが必ずあります。

最後に、これら三つの質問の答えを次の二つにまとめてみましょう。自分への約束であり、決意表明です。

私は（　　　　　　　）を大切にして生きていきます。
そのために私は今日から（　　　　　　）を続けます。

いかがでしょうか？　答えが支離滅裂でもかまいません。繰り返し自分に問い続けることで、必ず「これだ！　これしかない！」という答えにたどり着けるはずです。

組織であれば、これら三つの質問と二つの宣言をみんなで共有しながら、共通するキーワードを見つけてください。そして、それらをもとにして、お客様の視点に立って、お客様に伝わる言葉にしてください。

それこそ、あなた自身の、あなたの会社・店の philosophy（哲学・理念）にほかなりません。他の三つの「P」にも影響を与える、あなたの商いと仕事の原点となるでしょう。

CHAPTER

2

STORY-RICH PRODUCT

「物語性豊かな商品」をつくる

どこにでもある商品を超えて、語る価値ある商品を育てよう

かつて商売は、どれだけ名の知れた商品を品揃えできるか、が繁盛を左右しました。そのため、商人は何が売れているかを知ろうと努め、仕入れ販売店なら、売れ筋を提案してくれる問屋に品揃えを頼っていました。製造小売店も同様で、他店で売れている物を真似ることが繁盛の近道でした。その結果、個性のない店ばかりが増えていったのです。

しかし、こうした売れ筋は独占できるものではありません。すぐに近くの店でも売り出すのが世の常です。このとき、他店でも同じものが売られていたら、お客様は何を選択基準として店を選ぶでしょうか。

その基準こそ、長く成功の法則とされてきた、これまでの四つの「P」でした。より近くで便利に（立地・流通＝place）、より安く（価格＝price）販売しようとし、それを宣伝（promotion）して広く知らしめることを追求してきたのです。ですから、知り得る情報の中で、できるだけ安く、便利に買うことが賢い消費者とされたのです。

それゆえ、私たちは利益を削ってより安く売ろうと努め、より便利な買い物環境を提供し

ようと立地や流通を変え、商品を豊富に揃えようと店を大きくしてきました。クルマでアクセスしやすい立地に、駐車スペースをふんだんに設け、多くのテナントを揃えるために、郊外に大きな店舗を構えた巨大なショッピングモールがその象徴です。

ところが、インターネットショッピングの普及が、こうした消費スタイルを大きく変えました。現在私たちは、欲しいと自覚している商品を買うとき、ほとんどの人がする行動があります。たとえば、〇〇社の××（型番△△）と、それを含むカテゴリーの類似品が気になる場合、多くの消費者は何をするでしょうか？

正解は「検索」です。パソコンに向かい、またはスマホを手にとってグーグルやヤフーなどの検索エンジンに商品名やカテゴリーなどのキーワードを入力し、欲しい商品の情報を比較します。欲しい情報とは「価格」であり、実際に購入した人の「ユーザーレビュー」です。次に商品の機能・特徴をまとめた「商品仕様」が気になり、ようやく最後にそれがどこで売っているかという「店」を確認し、最も安いところで購入します。

つまり、どこにでもある商品を扱っているかぎり、「価格」「立地」「宣伝」がお客様に選ばれる理由であり、競争相手がひしめく土俵の上で戦わざるを得ません。そこで勝敗を左右するのは資本力であり、企業規模です。現にそうした分野、たとえば総合スーパー、ドラッグストア、コンビニエンスストアなどで、規模拡大を目的とした企業統合が進んでいます。

こうした争いで流れた血で染まった〝赤い海〟で身を潜めて生きていくのか、それとも、自らの哲学・理念（philosophy）にしたがって孤高に誇り高く〝青い海〟で生きていくのか、それはあなた次第です。青い海では安易な人真似はできないし、あなたの営みがなかなか理解されずに孤独な思いをするかもしれません。しかし、そこにはたとえ小さな店や企業でも、独自の価値によって関わる人を幸せにできる沃野（よくや）が広がっています。


そこで生きていくために欠かせないのが、あなただけの story-rich product（物語性豊かな商品）です。哲学・理念（philosophy）という目に見えないものを形にしたものであり、あなただけが語れる価値が込められた商品にほかなりません。

たとえば、どんな作り手がどのような工夫や技術を凝らし、どんな思いを込めてつくった商品かを、あなたはお客様に説明できますか？　あなたが作り手でもあるならば、そうした目に見えない価値を商品という形に表現し、的確に伝えているでしょうか？

消費経済が成熟し、人口減少に転じたこれからの商いとは、お金で買えない価値を、お客様が本当に望む形に創造するという難しい仕事になるでしょう。しかし、その仕事に惜しみなく自分の人間性（personality）を発揮すれば、お客様は共感と共に儲けという果実を与えてくれます。その意味で、商いはすでに物販業を超越して、「感動創造業」という役割を求められているのです。

その道を自覚し、その道を歩きはじめれば、その姿を認めたお客様はあなたのことを誰かに伝えたくなります。そうした伝達の媒体となるのが story-rich product なのです。もとの熱量が高ければ高いほど、伝わる速度と範囲は広がります。だから、あなたは伝え手として、または作り手として熱を持たなければなりません。

仕入れ販売の分野でも同じです。なぜなら、商品と商品を組み合わせて、そこにお客様を惹きつける世界観を表現することを、商人は古来行なってきたからです。

「店」という言葉は、鎌倉末期の「見世棚」を語源としています。つまり、店とは商人の「世界観」を見せる場所であり、その営みこそ、商人の務めにほかなりません。そのとき、店はそれ自体が story-rich product となります。

商品自体の組み合わせは無限と言っていいでしょう。それらを、お客様の想像を超えるレベルで組み合わせて、それらが実現する暮らしの豊かさや喜びを提案しましょう。

そのためには、あなたが誰の暮らしを豊かにして、誰に喜びを提供したいかを定めなければなりません。売れるモノだから売るという〝モノ軸〟商いからから卒業しましょう。

一心によいものをつくれば、売上げは後から必ずついてくる

主婦の店さいち（スーパーマーケット）

杜の都、仙台の奥座敷と言われる秋保温泉。人口約4000人という小さな町、秋保町にある80坪の小さなスーパーマーケット「主婦の店さいち」には、9時開店の前から、多くのお客様が並んでいます。駐車場には、地元はもちろん、他県ナンバーが数多く見られます。

彼らのお目当ては「手づくりおはぎ」。平日には5000個、週末や祝日には1万個、お彼岸の中日ともなると、2万5000個を売り上げる〝おばけ商品〟です。

「息子夫婦が孫を連れて帰省してくるから、好きだったおはぎを食べさせてやりたい。でも、私も歳だから、自分でつくるのもたいへんになって……。さいちさん、あんたのところでつくってはくれまいか」

始まりは地元客の一人、あるおばあちゃんのこうしたひと言でした。

さいち店主の佐藤啓二さん・澄子さん夫妻は、お客様の子を思う親心を受け止め、この地方の家庭で長く食べ続けられてきた味をめざし、試作を繰り返しました。とりわけ惣菜づく

おはぎは、あんこ、きなこ、ごま、納豆の4種。それぞれに「三つの心」が込められている。

りの責任者、澄子さんは自分のへそくりで小豆を買ってまで、おばあちゃんに喜んでもらおうと納得のいくまで試作を重ねたそうです。

こうして誕生したおはぎは毎日食べても飽きず、いくつ食べても胸やけしないように、甘みを抑えたものとなりました。おばあちゃんに10個ほど注文分を渡し、残りの少しを売場に並べたところ、「あのおはぎが欲しい」というお客様が増えていきました。やがて注文品は定番品へ、そして仙台を代表する味のひとつにまで成長していったのです。

同店には、惣菜づくりにおいて大切にしている〝三つの心〟があります。

①どの家庭の味よりも、さらにおいしいこと
②毎日食べても、飽きがこないこと

③時間が経っても、おいしさが失われないこと

この心がstory-rich product（物語性豊かな商品）の根幹です。言うは易し行なうは難しというように、これら三つを実現するためには何が必要なのでしょうか？

「家庭では調理してすぐに食べますが、惣菜はできたてを提供しても、お客様が持ち帰って食べるまでに時間がかかります。だからこそ、店で売る惣菜は時間が経ってもおいしく食べられるように、味つけも見た目も工夫しなければならないのです。もちろん、不自然な添加物などに頼らないでね」と、惣菜づくりを担う澄子さん言います。

おはぎにはこんなエピソードもあります。発売当初、あるお客様がこう言ったそうです。

「さいちのおはぎは甘くない。砂糖をけちっているんじゃないか」

その声を受けても、佐藤さん夫妻は味を変えませんでした。その代わり、甘さが欲しいお客様のために、おはぎ売場に持ち帰り自由の砂糖の小袋を置いたのです。

当初は、小袋を持ち帰るお客様もいましたが、その数は徐々に減っていきました。おはぎは売上げを伸ばし続け、やがて誰も持ち帰らなくなった小袋は売場に置かれなくなったのです。お客様のための〝三つの心〟を揺るがさなかった結果です。

惣菜を売りものにするスーパーマーケットは珍しくなくなりつつありますが、さいちが飛

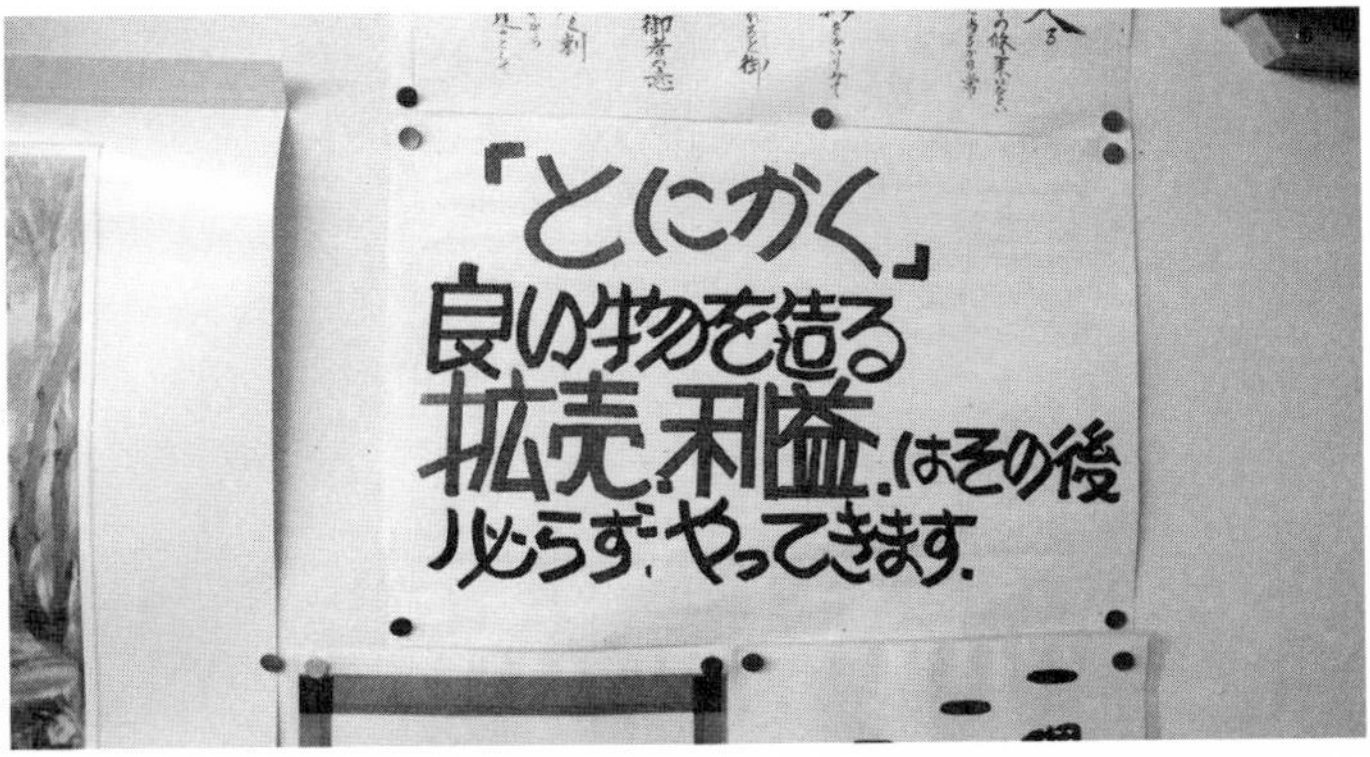

店舗事務所に貼られたさいちの哲学。「良い物」とは、食べると幸せな気分になれるものをいう。

び抜けた存在であることは変わりません。おはぎばかりではなく、五目煮など惣菜は売上構成比の半分を占める最強の商品群です。

その味の秘密を習おうと、多くの同業者が視察・研修を求めてくるのですが、佐藤さんはそうした申し出を快く引き受けます。その数、これまでに600社以上。イオンやヤオコーといった、さいちより企業規模の大きい錚々(そうそう)たる企業が視察や研修に訪れてきました。

そんな惣菜づくりの実際を取材したいと頼んだとき、澄子さんは少しだけ顔を曇らせました。ぜひ、と重ねてお願いすると、彼女はこう言ったのです。

「見ていただくのはかまいませんが……。ただ、始まるのが朝少し早いんですよ」

それでもかまわないと言うと、ニッコリ笑って「では、午前2時にいらしてください」

笑顔の彼女に「取材を辞退したい」とは、もう言えませんでした。

　約束どおり、凍てつく寒さの深夜2時に訪れると、すでに厨房は暖められていました。早番のスタッフが仕事しやすいように、澄子さんはすでに一人で準備をしていたのです。

〈「とにかく」よい物を造る。拡売、利益はその後必ずやってきます〉

　事務室に貼られた紙には、こう記されています。佐藤さんからスタッフへのメッセージであり、お客様への約束（promise）です。だからこそ、深夜から一つひとつ〝三つの心〟に基づいた手づくりが行なわれているのです。

　こうした物語性ある商品をつくり出すために欠かせないのが、つくる人、売る人の個性・人柄（personality）です。さいちの商いは、よい人だからよい物がつくれるという私の経験則に確信を持たせてくれました。

「従業員は無形の財産です。だから、彼らには幸せになってほしいし、結果を出せる人間になってほしい。一所懸命よい物をつくったら、お客様が喜んでくれて、自分もうれしくなった――こうした実感を毎日積み重ねていけば、きっとどの世界でも活躍できる人材になれることでしょう」

　また、澄子さんはこう言います。

「おいしいものをつくるのは難しいと、みなさんおっしゃいますが、本当はとても簡単なことなんですよ。惣菜の〝惣〟の字には心が入っているでしょう。大切なのは、お惣菜をつくる人の心や姿勢をつくることです」

これが、佐藤さん夫妻の人材育成観であり、商いへの姿勢です。よい人がよい物をつくり、よい人がよい人を育てるのです。

いくら社会環境が変わろうと、真心を込めた価値ある商品を提供することこそ、永続する商いの要諦です。そこでは、規模の大小、資本の多寡は意味を持ちません。

いかに自店・自社ならではの独自商品をつくるかが盛衰を左右します。そのために大切にすべき哲学・理念（philosophy）と個性・人柄（personality）が、手づくりのおはぎに込められていました。

作り手、売り手の都合よりもお客様の満足を最優先しよう。

業界常識を超えて「語れるもので日々を豊かに」をめざす

ファクトリエ（工場直結メイドインジャパンブランド）

発表のたびにニュースとなるのが、日本の食料自給率。カロリーベースで38％は、他の先進国と比べて極端に低く、食料安全保障の観点からも、回復が国家的命題になっています。まったく同感ですが、こうした産業空洞化は、何も農業に限ったことではありません。

日本繊維輸入組合の「日本のアパレル市場と輸入品概況」2020年版によると、2019年のアパレル製品の輸入浸透率は98．0％に達しました。つまり、家庭のクローゼットに下着を含めて100枚の服があるとすると、メイドインジャパンはたったの2枚。1990年には約5割が日本製でしたから、驚くべき急落ぶりです。

人件費などの生産コスト削減を理由に、国内の繊維工場が中国をはじめアジア諸国に仕事を奪われた結果です。たしかに同等レベルの技術であれば、それも仕方ありません。

しかし、海外の有名アパレルブランドが寄せる日本の繊維工場の技術力への信頼は厚く、日本の工場に製造委託しているケースは多々あります。とはいうものの、そうした日陰の下請け仕事だけに甘んじていたのでは、日本の繊維産業の衰退は避けられません。

世界に誇れる日本屈指の工場と共に二人三脚で挑むものづくりは、深い対話から始まる。

メイドインジャパンのファクトリーブランド商品を、適正価格で販売することで国内工場の自立を促し、人材育成や技術伝承への道筋をつける——こうした事業目的を掲げ、工場直結アパレルとインターネット通販事業「ファクトリエ」を運営するのが、ライフスタイルアクセントの山田敏夫さんです。

熊本の老舗洋品店を営む家に生まれ、日本製の高級服を丁寧に販売する両親の商いを間近に見て育った山田さんは、世界を知ろうと大学時代にフランスへ留学しました。「ブランドの元祖」とも呼ばれるグッチに勤務していたとき、外国人の同僚から「本物のブランドはものづくりからしか生まれない。日本はどうしてアメリカの真似ばかりして、ものづくりをおろそかにするのか」と言われたと言います。

実家の誠実な商いと、海外に出て初めて知ったブランドの本質、日本の繊維工場の衰退という現実。この三つが山田さんの起業の原点となりました。

２０１２年に50万円の資本金で創業すると、７００以上の名もなき工場を回ってきました。その中から、世界で戦える一流の技術を持ち、価値観を共有できる工場と提携し、メイドインジャパンのファクトリーブランド「ファクトリエ」を立ち上げたのです。

現在、提携工場は55社。その提携基準は次の6点。「１００年後もともに歩んでいきたい工場のみと提携します」という山田さんの言葉のとおり、この点に妥協はありません。

1. 高い品質基準を持っている
2. 商品へのこだわりと愛情がある
3. 工場内の清潔さ（整理・整頓）
4. 新しい商品開発に積極的である
5. 仲がよく、仲間への思いやりがある
6. 非効率さをいとわない探求心がある

事業モデルを構築する上で山田さんが着目したのが、従来の流通構造でした。日本では従来、糸や生地の産地、資材卸、縫製工場、アパレルメーカー、問屋や二次卸、小売りとそれ

ファクトリエのブランドタグには、「Factelier」のロゴと共に縫製工場の名も織り込まれている。

それが単独で機能し、複雑な流通構造が形成されてきました。リスク分散のためですが、多層にわたる中間マージンによる高コスト構造を余儀なくされました。

山田さんは、ここにメスを入れたのです。

企画デザインは工場と二人三脚で、販売・生産管理をファクトリエが行ないます。販売はインターネットを通じた注文に応じて、自社倉庫から配送します。価格に関しては、決定権を工場に委ねました。それにより、作り手は自らの技術を存分に生かしたものづくりに安心して取り組めるようになりました。

販売価格は工場出荷額の倍掛けを基本とし、たとえば、5000円ならば1万円で販売します。これにより、百貨店に並ぶ有名ブランドとほぼ同等の品質のものが半額、ものによっては4分の1程度の価格を実現しています。

店舗は、国内に東京・銀座と実家のある熊本、名古屋、そして台湾に2店。「フィッティングスペース」と表現するとおり、試着によって商品のディテールやサイズを確認でき、設置されたタブレットで注文すると、後日届けられるというしくみです。

店舗には、工場で使われている素材や機械が展示され、職人たちのものづくりへの思いに触れられます。またスタッフからは、コーディネート提案などファッションアドバイスだけでなく、どんな工場で、どんな作り手が、どんな思いを込めてつくられているのか、どれほど高い技術が駆使されているのか、を私たちは知ることができます。

店舗入口のサインに「beautiful with a story」とあるように、ファクトリエのお客様への約束は「語れるもので日々を豊かに」。まさに、商品というモノ一つひとつにコトが込められ、モノにモノガタリが添えられています。

価値観を共有する日本屈指の工場と共に挑むファクトリエの商品開発で順守される基準が次の6点。物語性豊かな商品の根本がここにあります。

1. 語りたくなる商品である
2. ベーシックなデザイン
3. 想いや技術がつまっている

4. 着心地がいいこと
5. 長く愛用いただけるもの
6. 環境に優しいもの

これらこそまさに、「ファクトリエというブランドの存在価値であり使命」と山田さん。

「私が目指すのは、資本性と社会性の両立です。資本性とは、誇りあるものづくりにより、工場の経営が上向き、事業を継続・発展させること。社会性とは、それにより新たに繊維産業を志す若者を増やし、日本に本物のブランドを育てることです」という目的を実現する手段こそが「ファクトリエ」なのです。

ブランド名「ファクトリエ」とは、ファクトリー（工場）とアトリエ（集まる場所）の造語。作り手（工場）と使い手（顧客）を結ぶ繋ぎ手である同社のもとに、同じ価値観を持つ多くのお客様という〝仲間〟が集います。

あなたの仕事は、同じ価値観を共感できる「お客様」という名の仲間と出会うことだ。

こだわりはお客様のために——一途な思いに共感が集まる

マルニジーンズ（ジーンズショップ）

豪雪地帯として知られる新潟県妙高市にあるジーンズショップ「マルニ新井本店」の名物商品は、純国産のオリジナルジーンズ。価格は1本2万5000円以上と、海外著名ブランドの2倍以上、ファストカジュアルチェーンの4倍以上ながら、ここにしかないデニムを求めて、全国から多くのジーンズ愛好家が来店します。

同店の一番人気は「毘沙門天ジーンズ」。戦国時代に越後を治めた名大名、上杉謙信が崇拝した勝運と財運の武神、毘沙門天の「毘」の字が刻印された革製のバックラベルが印象的であり、バックポケットには刀をモチーフにしたステッチが施されています。

天然藍ロープ染色を経糸に施したオリジナル素材を旧式の力織機で丁寧に織り上げ、縫製はヴィンテージミシンを使用して熟練した職人が縫い上げた逸品。リベットもドットボタンもすべてオリジナル製というこだわりぶりです。

同社がオリジナルジーンズを初めて発売したのは1996年。そのきっかけは、さかのぼ

革パッチに記された「毘」の一文字には、郷土愛とものづくりへのプライドが込められている。

ること1990年、早世した父の跡を継いだ若き店主、西脇謙吾さんが、ジーンズの本場アメリカへジーンズメーカーの工場を見学に行ったときのことでした。

本場のものづくりにあこがれていたものの、そこでは品質向上よりも、生産効率を重視した製造ラインで大量生産が行なわれ、工場では安い賃金でメキシコ系移民が働かされていました。それまであこがれだったアメリカブランドに失望した瞬間でした。

帰国した西脇さんは、さっそく日本のジーンズメーカーの先駆け、大石貿易の門を叩くものの、地方で小さなジーンズショップを営む20歳そこそこの新米経営者の提案など門前払い。それでもあきらめることなく門を叩き続けた情熱がようやく受け入れられ、大石貿易を動かしたのは5年後のことでした。

西脇さんがめざすオリジナルジーンズは、ブランド名だけが自社名義で、生産はメーカーに一任するといったありきたりなものではありません。自らデザイン、仕様を練り、生地からボタンなど資材すべてで自社指定のものを使い、糸染めの回数、染液の濃度から織りもクラシック織機にこだわるなど、すべてを西脇さん自身がプロデュースしました。こだわりの強さゆえ、製造工程には多大な手間と時間を要することは言うまでもありません。


試作と変更の繰り返しの末に誕生したファーストモデル「マルニジーンズ」の価格を、トップブランドであるリーバイスの501よりも高く設定。マルニジーンズが作り手のこだわりだけを詰め込んだ、単に高品質・高価格な商品であったならば、後の物語はみじめなものに終わっていたでしょう。

しかし、この小さな無名店のオリジナル商品開発がファッション雑誌で紹介されると、ジーンズ愛好者を魅了する他にない付加価値ゆえに、全国から現金書留による注文が殺到したのです。たちまち初回生産分が売り切れ、店の主力商品へと成長していきました。

こだわりについて、西脇さんは語ります。

「店がお客様のためにあるのと同じように、商品へのこだわりもお客様のためにあるので

妙高の伏流水で漬け込み、水洗いを施し、一本一本を天日干しすることで風合いを増している。

す。自社商品に対して向けられるものではなく、お客様が求めているものを知り、具現化したものがこだわりとなるのです。そのために、私たちはお客様を知る努力を重ねなければなりません」

こうした顧客目線でつくられた商品には、作り手と売り手の共同作業によって育まれた価値が宿ります。それを適切にお客様に伝えたとき、お客様はその商品が持つ物語性に魅了され、それを誰かに伝えずにはいられなくなるのです。

この店ならではの独自性、この土地ならではの付加価値はこれだけではありません。同店ではジーンズを、豪雪地帯である妙高の雪解け水に漬け込んで水洗いを施し、一本一本天日干しで仕上げていきます。こうすることで、普通に洗濯するよりもジーンズの糊がよく落ち、天日干しで仕上げたときに生地の風合いがさらによくなると言います。

「もともと、藍染めをする地域では、鉄分を多く含んでいる水を使っています。この土地にも鉄分を含んだ水が地下水として採れますので、そういったこともすべて計算に入れて、水洗い、天日干しをして、妙高の空気を入れます。偽りなきものをお客様に提供する上で、妙高の大自然をそのまま取り込むことはできないけれど、風土に晒（さら）して風合いを増していくことでお客様の喜ぶ様子を想像して提供しています」

もちろん天然藍染めデニムのジーンズはマルニだけのオリジナルではありません。他店にも同様の商品はあります。しかし、妙高の大自然を取り入れる加工は同店のみの仕事です。とりわけ冬場、手を切るような冷水に漬けられた後、白い雪原に並べられた光景を他所で見ることはできないでしょう。

「信用とは、目に見えない商品そのものです。見えないものをつくり上げるのが商人の役割だと思います。ものは残りませんが、つくり上げた信用という価値はいつまでも残り続けます。だから〝ものづくりバカ〟には決してなってはいけません。お客様の笑顔を想像した商品づくりや、仕入れをすることが重要なのです」

こう語る西脇さんが大切にしているのが、商売の永続性です。永続性とは信用の蓄積であり、信用とはお客様にとって本当にいいものを提供し続けることによってのみ育まれることをマルニの商いは証明しています。

story-rich product（物語性豊かな商品）を生み出す上で欠かせないポイントが、ここにあります。商売の目的は儲けることではありません。お客様のために永続していくことが目的であり、そのために儲けることが必要であり、利益がいるのです。

現に同店では、仕入れ商品主体としていたときよりも、高い利益率を実現。次なる物語性豊かな商品をつくるための原資を生み出しています。

「よいものをお客様に提供しなければいけない」

これは、父である先代社長の遺言。この教えを具体的な形にしてお客様に喜んでもらうのが西脇さんの生涯をかけたミッションなのです。

「いいもの」とは、お客様にとっていいもの。答えは常にお客様の中にある。

繁盛という果実の種はお客様の〝不〟の中にこそある

ふらここ（節句人形店）

「両親から贈られたけど、気に入らないからキャンセルしたい」

こんな電話をかけてきたのは、小さなお子さんを持つ母親でした。キャンセルの対象は愛する孫への祖父母からのプレゼントです。

同じような電話を何本も受け、その人は自らが携わる業界に強い危機感を覚えたそうです。その人とは、節句人形製造販売業「ふらここ」の原英洋さん。家業の人形店で働いているときのことでした。

祖父は日本初の無形文化財、母もその技術を受け継ぐ伝統的な人形師の家に長男として生まれたものの、彼自身は家業を継ぐ気はなく、大学卒業後は出版社に入社。ところが、1年もしないうちに父が急逝したため、やむなく23歳で家業に入り、店頭販売に携わりました。その過程で「顧客ニーズが変わってきたことを肌で実感していた」と振り返ります。

桃の節句と端午の節句は子の成長を願い、家族の絆を強くする伝統的な季節行事であり、

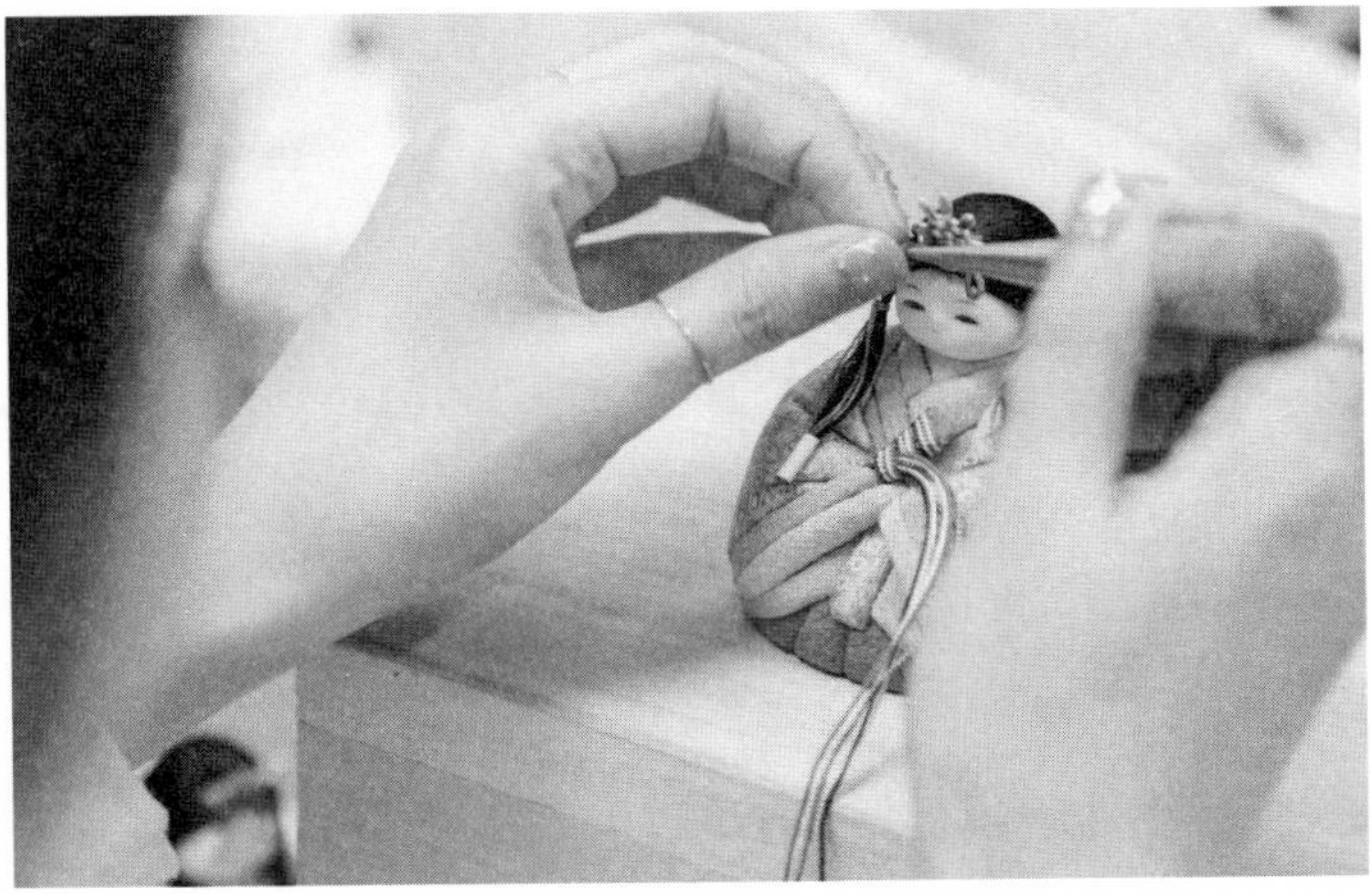

人形職人から受けとった人形を細やかに点検し、大切なわが子を送り出す気持ちで丁寧に仕上げる。

日本の文化です。しかし、その市場は衰退を続け、典型的な構造不況業種になっています。

団塊の世代が生まれた時代には270万人あった出生数が、今やおよそ86万人と3分の1以下。少子高齢化、人口減少が進む日本で、今後この傾向が旧に復する見込みはほとんどありません。

絶対数の減少ばかりでなく、節句人形を購入する割合も出生数の3分の1にまで落ち込んでいます。問題の根源には「伝統の呪縛がある」と原さんは言います。

七段飾りの雛人形に代表されるように、節句人形を飾るには広いスペースが必要です。マンション住まいの核家族夫婦の家には、従来の商品は大きすぎるのです。

人形の顔はうりざね顔をもって良しとされ、そうしたものをつくれる者が腕の立つ職人と評価されてきました。しかし、そうした伝統的デザインは今の子育て世代の好みにはほど遠いものです。

大きさとデザイン、この二つが顧客ニーズからかけ離れてしまっています。だから、いくら祖父母からの孫への贈り物であっても「気に入らないからキャンセルしたい」となるのでしょう。

こうした需要減少の結果、さらには製造と販売が完全に分離した業界構造ゆえに、値引き販売競争が横行しました。価格は下がり続け、そのしわ寄せは作り手である職人に及び、日本の伝統文化は危機的な状況にあります。

複雑な構造を持つことも、変化への対応を邪魔しました。節句人形業界は、人形の各パーツをつくる職人、組み立てる職人、それらを差配する卸、そして販売店という分業多層的な構造から成り立っています。顧客ニーズが作り手まで届きにくい構造なのです。

毎年開かれる新作展示会で、販売業者が各パーツを買いつけ、組み合わせて商品にして販売します。それゆえ、お客様が「どの店も同じような人形」という印象を持ってしまいます。結果、消費者の選択基準は価格にならざるを得ません。

そこで原さんは、お客様のニーズに沿うようなコンパクトな人形の企画を考案し、「小さ

軽くてコンパクトだから、小さな子を持つ母親でも一人で簡単に飾り付けができるシンプル設計。

い人形は安物」というイメージが強いところを、「それならば〝小さな高級品〟をつくればいい」と周囲を説得して商品化に踏み切りました。その取り組みは徐々に軌道に乗り、全販売数の7割を占めるまでになりました。

そこで次に、童顔（わらべ）の人形づくりを提案。けれども、「品がない」と社内で強く反対され、ある職人からは「お客様に迎合するのですか？」と言われたのを、原さんは今もはっきりと憶えているそうです。

「私は『迎合ではなく、お客様のニーズに応えるためです』と答えたのですが、まったく聞き入れてもらえませんでした」

原さんはこうした業界の呪縛から自由になろうと、すでに経営を共に担っていた妹夫婦に家業を託して2008年に独立、45歳で「ふらここ」を創業しました。社名の由来は、奈良時代から和歌に使われる春の季語で、ぶらんことという意味です。

「社名をひと目で見たり聞いたりした瞬間に、他社との違いを感じていただけるようにしたかった。有名な人形店などは代々続く人形師の名前を押し出して伝統をアピールしています。それに対して私たちは、今のニーズに合わせた人形を提供していることを表現するために、少しでもソフトな社名にしようと考えました」

原さんはネーミングの理由をこのように語ります。伝統の本質とは、絶えない革新にこそあるのです。

社名に込めた思いどおり、顧客ニーズに耳を澄ませ、伝統を創造的に破壊していきます。45センチ立方体に収まるコンパクトな商品開発、うりざね顔ではなく赤ちゃん顔のかわいらしい顔のデザイン、インターネットによる販売、製販一体のビジネスモデル、そして職人を大切にする経営はどれも業界常識とは異なるものでした。

結果、値引きとは一切無縁で、予約は1年待ちという人気です。

商品の特徴は、ひと目見たら忘れられないかわいらしさにあります。「こんな子に育ってほしい」という願いをお人形に重ねてもらうべく、雛人形・五月人形合わせて33種類の個性輝く表情が揃えられています。

「お子さまにぴったりのかわいいいお顔を見つけてください。幸せの願いを込めて、あたたかい親心で我が子を包み、一緒に飾り一緒に愛でてほしいですね」と原さんは呼びかけます。

なぜ、ふらここは衰退市場にあって業績を伸ばし続けるのでしょうか？　それは原さんが、節句人形を買う「3分の1」のマーケットを狙って価格競争を仕掛けたのではなく、節句人形を買わない「3分の2」のマーケットの〝買わない理由〟を解決し、新たな価値を創造していったからにほかなりません。

商いとは、不便、不満、不足、不利、不快といった〝不〟の解決業です。あなたの商いに、見落としているお客様の〝不〟はありませんか？

story-rich product（物語性豊かな商品）づくりは、〝不〟を見つけることから始まるのです。

既存の常識から離れて、お客様が抱える〝不〟に向き合おう。

命をかけてつくって売る――高い志の実践が本場を魅了

メーカーズシャツ鎌倉（シャツ専門店）

〈私の門下生、貞末君夫妻がシャツショップを始めるという。そのシャツを彼が工場に立てこもって作り、彼女がそれを売るという。直接、お客様にだ。これこそが現代的SPAというのだろう。そんな難しさに挑戦しようという、その心意気に私は大拍手をしたい。SPECIAL SHOPとはこんな哲学と自信から生まれるのだ。「メーカーズシャツ鎌倉」のお客様はそれを期待しているはずだ。きっと。〉

こう記したのは、日本にアメリカントラディショナルスタイルを広め、1960年代にはアイビールック旋風を巻き起こした石津謙介氏。ヴァンヂャケットの創業者であり、「メンズファッションの神様」と呼ばれた人物です。

1993年、鎌倉郊外にあるコンビニの2階の店舗で、ヴァンヂャケットの卒業生である貞末良雄・タミ子夫妻によって創業された「メーカーズシャツ鎌倉」の店舗には、この激励メッセージが変わることなくあります。創業以来、「世界で活躍するビジネスマンをシャツで応援する」を理念として掲げる同社の原点であり、戦後、日本の男の服装を啓蒙してきた巨人の遺志の系譜がそこに見られます。

「アメリカ人が銀座で寿司屋を開くようなもの」

世界の一流メンズブランドが集まり、ニューヨークを代表するショッピング街として名高いマディソン・アベニューにメーカーズシャツ鎌倉が開店するにあたって、こんなふうに疑問視されたのが２０１２年のことでした。そうした揶揄をはねのけ、高い品質と優れたコストパフォーマンスによりニューヨーカーから絶大な支持を集め続けました。

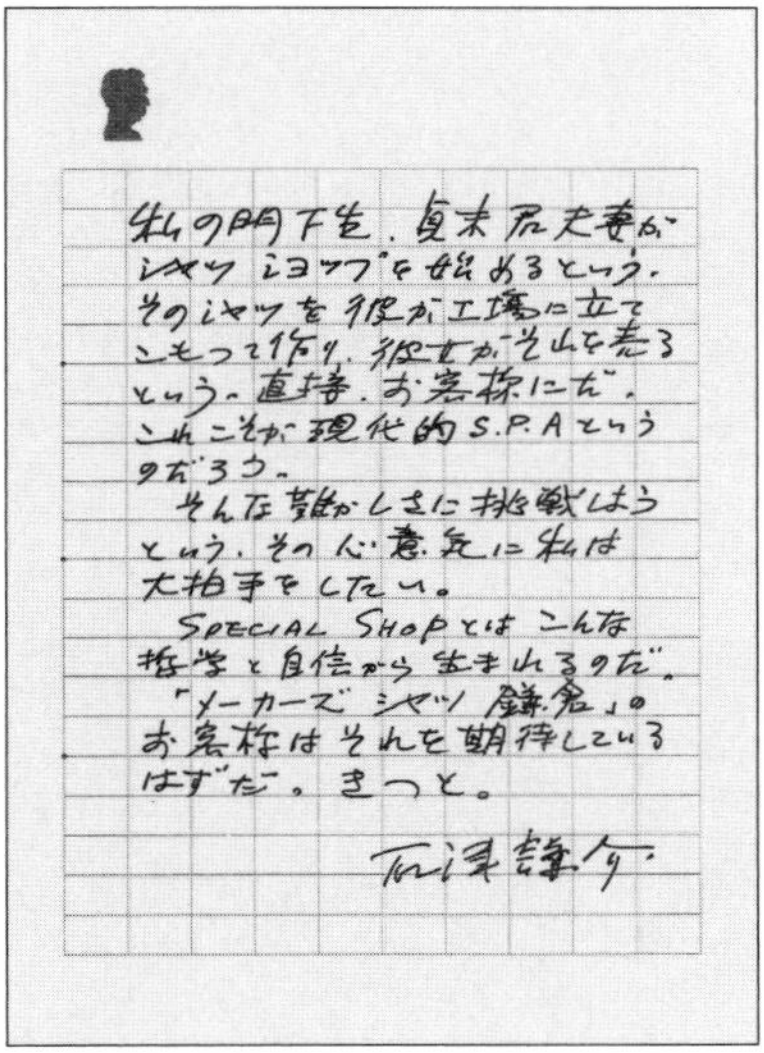
私の門下生、貞末君夫妻が
シャツ ショップを始めるという。
そのシャツを彼が工場に立て
こもって作り、彼女がそれを売る
という。直接、お客様にだ。
これこそが現代的S.P.Aという
のだろう。
そんな難かしさに挑戦しよう
という、その心意気に私は
大拍手をしたい。
SPECIAL SHOPとは こんな
哲学と自信から生まれるのだ。
「メーカーズ シャツ 鎌倉」の
お客様はそれを期待している
はずだ。きっと。
石津謙介

ヴァンヂャケット創業者であり、貞末夫妻が「人生の師」と慕う石津謙介氏からの手紙。

成功の要因は本物であること。世界のメンズファッション誌の最高峰「ＧＱ」ウェブ版の特集「ベスト白シャツ」トップ10では、欧米の有名ブランドを抑えて1位に掲載されたことからもわかります。

新型コロナウイルスの猛威により、同店は残念ながら２０２０年12月に一時撤退を決断。しかし、８年間の営業で登録顧客数は約3万人に上り、ニューヨーク店の顧客からは「早く戻って来てほしい」「寂しくなる」など多くのメッセージが寄せられました。

ヴァンジャケットをはじめ長くアパレル業界に携わり、ファッションビジネスの裏側も熟知している貞末良雄さんですが、その商いの流儀は業界の悪しき慣習から最も遠いところにあります。ひと言で表現するなら、愚直なまでの誠実さと言うべきでしょう。

原点は「バカになれ」という父の言葉にある、と貞末さん。「おまえはバカになれたら商人として大成するかもしれない。バカになれば千人が味方になる。バカになれ」。江戸時代から続く商家に育ち、衣料品店を営んでいた父の教えが貞末さんの商いの本籍地です。

同社商品の原価率は、業界平均が20％以下のところ、その3倍ほど。セールは一切行ないません。定価を下げながらセールで売り切るのが常識というアパレル業界の慣習とは無縁のビジネスモデルを確立しています。

石津氏からはファッションの王道、父からは顧客の利益を第一とする商人道、これら二つの道を一つに束ね、常にぶれることなく歩み続ける同社のシャツは、今や年間60万着以上愛用されています。そこには、本物だけが持つ物語性が宿っています。

では、「本物」とは何でしょうか？　同社は、創業当時より製造小売業として国内生産に

2012年開業のニューヨークのマディソン・アベニュー店。日本人の技術力を世界に証明した。

こだわり、縫製工場と共に歩んできました。そのためには、①継続的定期発注の履行、②全リスクを負う、③約定どおりの支払いという3点が不可欠。同社は、これを「正義のしくみづくり」と言い、愚直に実践するばかりか、進化させる取り組みを続けています。

２０１７年には、紡績から縫製までのすべての加工工程を日本企業のみで行うサプライチェーンの再構築プロジェクトを開始。創業から3年、１９９６年の時点で貞末さんは「21世紀へのマーチャンダイジング提案」という文章を次のようにまとめています。

1．人々はいつの時代でも良質で安い物を求める。この傾向は不変である。
2．物が充足されてくると人々はさらに自分の生活が潤う物（情報）を求めるようになる。
3．したがって、これからは良質で安く、感性豊かな時代性ある物を求めるようになる。

4. アパレル産業は一般の人よりいち早く欧米先進諸国の情報を入手し、日本人のあこがれるワンランクアップの生活スタイルを提案する情報付加価値を収益資源として成長した。

5. 世界の情報がさほど時差なく人々が入手することができるようになると、アパレル産業の情報付加価値性が薄れてくる。

6. 情報付加価値が市場価格を形成するため、アパレルは長く価格支配をすることができたが、このことはコストを追求するシステムや経営姿勢が工業付加価値を追求しなかったことを意味する。

7. 収入の伸びない低成長時代に突入した現在、人々はより価格に敏感であるため、コスト競争力を持たないアパレル産業は生き残れる領域を持たないとも言える。

8. 求められる経営構造は、世界競争価格を達成することが必要十分条件である。さらに言えば、人々の時代文化に提案力のある豊かなファッション性のある商品開発力であり、日本という地域特殊性を越えるものが求められる。

9. 消費税の高騰や世界統一価格への到達には流通の単層化、短縮が必要であり、工場から小売業へ、小売業の直接工場発注というように中間同質的アパレル機能は劣化する。

10. 本プロジェクトはこれからの社会的変化を察知し、無限大とも言える生存領域に一歩踏み出し、製造ノウハウを最短時間で習得することにより、業界でも不動の地位を世界レベルで達成することにある。

「量はいずれ折り返し点（限界）がくるが、質には限界がない。永遠なる進化（深化）が可能であり、商いを続ける以上、商品も経営も進化なくしては成立しない。質を軽視し、売上や儲けに奔走するようでは、いずれ顧客から見放される。シンプルにストレートに顧客志向を追求する中に明日があると考える」

創業の志は２０２０年5月、長女である奈名子さんに引き継がれました。

今あるものはいつか滅びる運命にあり、常に良いものを提供するためには進化し続けなければならない——そのことを、創業時から夫妻と共に事業を支えてきた新社長は目のあたりにしてきました。真っ正直な商人道はこれからも続いていくでしょう。ニューヨークへの再出店はその先にあります。

商人道に終わりがないように、ものづくりに完成形はない。

story-rich product（物語性豊かな商品）を手にするための三つの質問

いくらすばらしい哲学・理念（philosophy）を持ち、お客様から共感を寄せられようと、それだけでは店や企業は成り立ちません。共感を現金と交換できる商品・サービスがなければ、売上げも利益も生まれないからです。商人の誠実さと人気は売上げで証明され、商人の知恵の深さと信頼は、利益によってのみ測れるものであることを忘れてはなりません。

このとき欠かせないのが、哲学が込められ、理念が表現された商品・サービスです。そこには、お客様を最上位に置いた価値と、お客様もそれを誰かに伝えたくなるような豊かな物語性が込められています。

他の店や企業も扱っているような商品・サービスなら、お客様はわざわざあなたのところで買う必要も理由もありません。最も安く、便利に、早く入手できるところが選ばれるだけです。まちなかの商店街から郊外のショッピングセンターへ、そしてインターネットショッピングへと、お客様は買う場所を移していきました。そこは、資本力や企業規模がものを言う領域です。無策で近づいてはなりません。

それよりも、あなたの哲学・理念を込めた物語性豊かな商品（story-rich product）をつくることに取り組みましょう。いくつもいりません。たったひとつでいいのです。

そのために、三つの質問を用意しました。

質問① お客様をたった一人だけ選ぶとしたら誰ですか？

あなたの店や会社にはおそらく、さまざまな属性を持ったお客様がいらっしゃることでしょう。年齢、性別、国籍、居住地、職業、役職、年収、趣味、特技、価値観、家族構成、生い立ち、休日の過ごし方、ライフスタイルなど、実に多種多様です。

仮に、売上げをさらに上げようと、こうしたお客様すべてが満足してくれるような品揃えをしたらどうなるでしょうか？ 狙いどおりに売上げが上がる？ いいえ、一人ひとりのお客様の満足度は下がり、あなたの店や企業はお客様の記憶から消えていきます。すべてを取ろうとすると、すべてを失うのです。

現在お付き合いのあるお客様の中から、あなたがこれからもずっと役に立ちたいと願い、喜んでもらいたいと切望するお客様を一人だけ選んでください。

「えっ、一人だけ？」と、あなたは驚くかもしれません。そう、一人だけです。

「でも、たった一人じゃ、お客様が少なすぎる！」

大丈夫です。その一人をはっきりさせればさせるほど、あなたの店や企業の哲学・理念は伝えたい人に伝わり、商品・サービスは誰かに語らずにはいられない物語性を持ちます。

「誰か」とは、今はまだ出会っていないけれど、あなたが最も大切にしたいお客様のことです。この人たちへのpromise（約束）を果たしていけば、お客様は広がっていきます。

質問②　お客様の困っていることは何でしょうか？

どんなお客様を選びましたか？　次にするのは、その人がどんなことに困り、悩み、解決したいと願っているかを調べることです。不満、不便、不足、不都合、不安といった〝不〟の感情を見つけましょう。

そして、そうした〝不〟を解決する機能・デザインを商品・サービスに込めましょう。このとき、それがあなたの哲学・理念から逸れてはなりません。

では、お客様の〝不〟はどのように調べるのでしょうか？　物語性豊かな商品（story-rich product）という青い鳥は、競合店や業界常識でなく、お客様一人ひとりの心の中にこそ棲んでいるものです。そう、お客様から聞くのです。

売上げを生んでくれるのは、商品・サービスではありません。お客様の「買いたい」という感情であり、「買う」という行為なのです。

そのために、前の質問で、お客様をたった一人だけ選んでもらいました。その人に聞くのです。聞くといっても、お客様自身もなんとなく〝不〟の感情を抱いているだけで、はっきりと認識していない場合がほとんどです。

「もし顧客に、彼らの望むものを聞いていたら、彼らは『もっと速い馬がほしい』と答えていただろう」

T型フォードという量産車で、乗用車の普及、大衆化を促進したヘンリー・フォードの言葉として知られます。

一人のお客様の行動を観察し、ライフスタイルを研究し、想像しましょう。

質問③　取扱商品を特定分野に絞り込むなら何でしょうか？

こうして特定したお客様の〝不〟を、どのような商品・サービスまたは事業分野で解決することが哲学・理念に適い、自身も得意であり、効果を最大化できるでしょうか？　つまり、あなたがやりたいこと（哲学・理念）を軸に、やるべきこと（お客様の〝不〟の解決）を絞り込み、やれること（自社・自店の得意領域）を決めるのです。

「うちは仕入れ販売だから、うちにしかない物語性豊かな商品なんてない」などという、できない理由を聞きたくありません。商品・サービスというのは、単品だけで完結するものでも、単品だけで多様化する価値観を満たせるものでもありません。特定分野に商売を絞り込み、品揃えの深さを極め、幅を少しずつ広げていくのです。このとき、そこには誰かに伝えたくなるような物語性と価値が宿るでしょう。

やりたいこと、やるべきこと、やれること——語る価値ある商品はこれら三つの「や」の重なったところで必ず見つかります。その一品が、あなたの哲学・理念をお客様に雄弁に語ってくれます。そして、それを聞いたお客様は、他の誰かに伝えずにはいられなくなります。本当のクチコミとは、こうした営みからのみ生まれるのです。

さあ、これら三つの質問への答えを揃えたら、次の二つにまとめてみましょう。自身の哲学・理念に適い、物語性豊かな商品を手にするための約束と行動計画です。

私は（　　　　　　　　　　）を大切にして生きていきます。

そのために私は今日から（　　　　　　　　　　）を続けます。

私たちは有限の存在であり、選べる道は限りなくあります。だから、私たちには正しい羅針盤が必要です。三つの質問への自問自答は、それを手にするための営みなのです。

CHAPTER

3

PERSONALITY

あなたらしい「個性・人柄」を磨く

「どこで買うか」ではなく、「誰から買うか」の時代の到来

「平安時代の一生分」とか、「江戸時代の一年分」と言われるものがあります。それは現代日本人が一日に接する情報量のことです。ある意味、私たちは平安時代の人たちの一生を、江戸時代の人たちの一年を、たった一日で過ごしてしまう時代に生きています。

かといって、現代人の脳のサイズや働きが格段に向上したわけではありません。すべては情報を流す手段やしくみの進化した結果です。

その年に最も流行した言葉や印象深い言葉を選ぶ新語・流行語大賞で、「インターネット」がトップ10に入賞したのは1995年のことでした。同じ年には「ウィンドウズ95」が発売されています。同じくこの年に起こった阪神・淡路大震災において、インターネットが被災地域内から外部への連絡手段として活躍したことが、その知名度を一気に押し上げました。

以来、私たちが接する情報量は天文学的に増大しています。令和元年版「国土交通白書」

によると、世界のインターネット上の一日あたり情報量は1992年に100ギガバイトでしたが、2017年には40億ギガバイトと飛躍的に増え、2022年には130億ギガバイトになると予想されています。なんと、30年間で1億3000万倍という激増ぶりです。

たとえば、私たちが日ごろ何気なくスマホで撮ってSNSに投稿している写真。世界全体で撮影された写真の枚数は、1970年の100億枚が2017年には1兆3000億枚。とりわけ21世紀に入ってから激増しています。

日本でも、2020年に5G（第5世代移動通信システム）の商用化が始まり、情報量はさらに指数関数的に増えていくことは必至です。現に写真という静止画から、誰でも簡単に撮れる動画へと情報発信の手段が大きく変化しています。

商業の世界も、こうした〝情報洪水〟の洗礼と無縁ではありません。今や生活インフラとして欠かせないEコマースは1994年、アメリカ合衆国の30歳の青年によって、彼のガレージから興りました。南米の大河、アマゾンを由来とする社名をアレンジしたロゴマークからわかるように、ジェフ・ベゾスは「AからZまで」幅広い商品を取り揃え、またお客様に笑顔を届けられるようにという信念のもと、まずは書籍の販売からスタートしたのです。

今日、その取扱品目数は3億5000万品目以上と言われ、さらに刻々と増加しています。アマゾン・ドット・コムの時価総額は、2020年7月1日時点で1兆4000億ドル。その規模はウォルマート、ホームデポ、コストコといった、アメリカの名だたる小売企業大手9社の合計1兆710億ドルを上回り、成長率はこの10年間で2830%という驚異的な伸びを示しています。

一方で、ロード・アンド・テイラー、ニーマン・マーカス、JCペニー、Jクルーといったさまざまな業態の小売大手企業が相次いで破綻しているように、リアル店舗販売を主体とする小売業は苦境に立たされています。コロナ禍による生活様式や消費意識の変化も、こうした新旧交代劇に拍車をかけています。

そして、それは私たちが暮らし、商う国においても変わりありません。

前述のように、私たち自身の情報処理能力は情報量の増大ほどには進化していません。私たちは情報の広大な砂漠に放り出され、膨大な砂粒に埋もれたダイヤモンドを見つけようと途方に暮れています。ダイヤモンドとは、自分の〝不〟を解決してくれる最適解のことです。

しかも、情報提供者の中には悪意ある者もいるし、悪意はなくても限りある時間とお金を浪費させる者もいます。いえ、そちらのほうが圧倒的多数です。

このとき、私たちは何を基準に情報の真贋を判断しているのでしょうか？　それは情報提供者が信頼に足る人かどうか、つまり「個性」や「人柄」として表わされるものです。

「あの人のことをよく知っているし、信頼している」

いくら情報があふれようと、お客様からこのように思ってもらえれば、あなたはお客様にとって最も頼りになる存在となり、あなたの店はお客様の記憶の一番店となれるでしょう。

では、お客様から信頼してもらうために欠かせないことは何でしょうか?

前提は商品知識です。単なるカタログなどに記載された仕様を超えて、その商品が誰の、どのような問題を、どのように解決してくれるかを伝えられる知識です。

そうした知識を、お客様に伝えられてはじめて、「あの人は私のことをよく知ってくれているし、よく知ろうと努めてくれている」とお客様は感じてくれます。だから、私たちは商品ばかりではなく、一人ひとりのお客様の生活を見つめ、お客様の声に聞き耳を立てなければなりません。

そして、「誠実」であること。誠実とは、言うことに行ないを合わせること。商品がセールスアピールどおりであること、事業理念と事業内容が一致していることです。このとき、お客様はあなたの personality（個性・人柄）に、いかなる promotion（広告宣伝）よりも信頼を寄せ、あなたからの情報を、砂漠で見つけたダイヤモンドとしてくれるのです。

一人ひとりに行列ができる人財を育てる三つのルール

飯田屋（料理道具専門店）

全国から多くの料理人、料理愛好家が訪れる日本有数の料理道具の街、かっぱ橋道具街。約８００メートルの商店街に、およそ１７０もの飲食店向け専門店が軒を連ねています。

深い品揃えと圧倒的な専門性で人気の料理道具専門店「飯田屋」は、大正元年創業。地震や戦争の被災により、二度にわたって店を焼失するものの、そのたびに「目の前のお客様を喜ばせる」ことに徹して、１００年を超えて商いをつないできました。

料理道具専門家としてテレビなどのメディアにひっぱりだこの6代目店主、飯田結太さんは、大学在学中にＩＴ会社を起業。事業承継を決意したのは25歳のある日のことでした。

ある日、帰宅すると母が泣いています。社長として店を切り盛りしつつ、女手ひとつで飯田さんを育ててくれた母が見せた初めての涙。家業は赤字続きの危機的状況にあったのです。

3代目の祖父は戦後、精肉店向け専門店として繁盛。その後、お客様ニーズに合わせて飲食店向け専門店となります。飯田屋に伝わる家訓「商人道は奉仕の道」を貫きました。「目の前のお客様に喜んでいただこうと、白衣、のぼり、洗剤、食器、メニュー帳など、飲

一人のお客様に真剣に向き合ったことが、飯田さんの経営理念と商いのやり方を変えた。

食店経営に必要なあらゆる商品を揃え、繁盛したと言います」と飯田さん。しかし、代を重ねるうちに、いつしか業績は悪化していきます。

「いろいろあるが、どれも中途半端。お客様から『何屋だかわからない』と言われるように……。何万点の商品があっても、そのお客様が欲しいものがなければ意味ありませんよね」

なんとか売上げをつくろうと、飯田さんは競合店を回って価格を調べ、利益を削り、品質を落として、どの店よりも安い値段を打ち出しました。しかし、身を削った安さはほとんど知られず、逆に品質を落としたことで常連客の信頼まで失ってしまいます。「ここには未来がない」と従業員のほとんどが一斉に辞めたのもこの頃でした。

途方に暮れていたある日、彼いわく「割烹着を着た神様」が訪れます。一人の料理人からおろし金を手に、「一番柔らかい大根おろしが擦れるのはどれだい？」と訊ねられました。店も暇だったので、飯田さんは近所のスーパーへ大根を買いに走り、店で扱う3種類のおろし金を試してみました。

ところが、「なんだい、どれも柔らかくないよ！」と料理人。「おにいちゃん、ちょっと探してみてくれないか」と、飯田さんに宿題をくれたのです。

飯田さんはさまざまなメーカーに問い合わせ、多くの商品を取り寄せて何本も大根をおろし、ようやく料理人の期待に応えられる品を見つけました。喜びつつも、「これじゃあ、売れるはずない」と、飯田さんは気が重くなりました。

それまで扱っていたおろし金は高くても1000円なのに、見つけたそれは5000円。お客様は1円でも安い品を求めていると思っていた飯田さんには、あり得ない金額でした。

後日、料理人に恐る恐るその品で大根をおろしてもらうと、「そう、これ！　これが欲しかったんだ！」と即決で購入。値引きを求められるどころか、感謝される経験をしました。

「お客様は本当に欲しいものに出会えれば、値段は二の次だと知りました。作り手と使い手の間にいる私たち繋ぎ手の役割は、そんな出会いの演出にあるんです」

現在、飯田屋には、さまざまなニーズに応えられるように、260種類を超える大根おろしを揃えています。

オリジナル商品「エバーピーラー」は、世界一軽い力で皮が安全に剝けることを目指して開発された。

プロの料理人にも一般家庭の生活者にも喜んでもらおうと、扱い商品を料理道具に絞り込み、多様なニーズに応え続けた結果、品揃え数は8000品目超。50坪という小ぶりな売場でこれほどの店頭在庫を揃える店は、日本のどこにも例がありません。

たとえば、おいしさを左右する正確な計量に欠かせない玉杓子（レードル）は、1cc単位で2000種類。これほどの品揃えの深さゆえ、飯田屋を訪れる年間およそ8万6000人のお客様のうち、一人しか買わない品もあると言います。

「かまいません。その一人が『やっと見つけた！』と喜んでくださる商品をどれだけ仕入れられるか、笑顔を生み出せる商品知識をどれだけ身につけられるかが私たちの商いです」

飯田屋の商いにとって、最も大切な存在が従業員です。彼らが商品知識を養い、お客様の期待を超える接客をしてこそ、売場に笑顔の花が咲くからです。そのために飯田屋には、明確な事業理念と特徴的な三つのルールがあります。

飯田屋の業態定義は、小売業でも卸売業でもなく、喜ばせ業。「目の前のお客様に最適な一品を提案し、喜んでいただくのが私たちの仕事」という同社には、売上ノルマがありません。もしあれば、お客様の笑顔より自分のノルマを優先するからです。

飯田屋で働く人たちの個性・人柄を磨く三つのルール、その第一が「160時間ルール」です。これは、目の前にいる一人のお客様の笑顔のために、どんなに他の仕事が立て込んでいようと、160時間までかかりっきりになっていいというもの。一日8時間の労働時間で20日分の勤務日数、つまりひと月まるまるという意味です。

たとえば、愛用の急須にぴったりはまる茶こしを新調しようと、一人のおばあちゃんが訪れれば、スタッフはさまざまな口径と深さのある茶こしの中から最適の一品を探します。それ自体は、100円に満たない商品ですが、他の店で見つけられずようやく飯田屋に来てくださったお客様のために、目先の利益を忘れるのが飯田屋の企業文化なのです。

第二の「2万回ルール」は、わからないことがあれば、他のスタッフに2万回まで質問していいというものです。何度も聞くと、「前にも教えただろっ!」と叱られるのが職場の通例ですが、商品知識を磨くのはお客様の笑顔のためなので、飯田屋ではあり得ません。

第三の「決裁権限の開放」は、お客様の笑顔のためにそれぞれが自己判断で経費を使っていいというものです。役職に応じて予算は決まっていますが、あるスタッフは仕入れに使い、あるスタッフはオリジナルTシャツを商品化しています。

このように、上限があるようで、ほとんど自由裁量というルールは飯田さんのスタッフへの信頼の表明です。スタッフを愛する飯田さんですが、生まれついての人格者であったわけではありません。多くの失敗を繰り返しながら、他者を変えようと責めるのではなく、自らが変わろうと努めた結果なのです。

そうした愛と信頼に基づくルールが、一人ひとりに内在する個性と人柄を引き出しています。だからスタッフ一人ひとりが魅力的で、それぞれにリピートしてくれるファン客が数多く存在します。あなたも、ぜひ飯田屋を訪ね、それをたしかめてみてください。

個性と人柄は、目先の売上げよりも目の前のお客様の笑顔によって育つ。

一隅を照らす商いと人柄が多くのお客様の心をつかむ

安心堂白雪姫（豆腐店）

「思い起こせば、折ふしに『与えられるもの』がありました。その中で、お客様に喜んでもらえるよう一途に励むことが、商いの本質ではないでしょうか」

大阪・堺市の豆腐店「安心堂白雪姫」の店主、橋本太七さんの言葉です。

それを、「『人間は一生のうちに会うべき人には必ず会う。しかも一瞬早過ぎもせず、一瞬遅すぎないときに』ということ。人のみならず、商品や素材との出会いもそうでした」と、哲学者・森信三の言葉にたとえて補うのは、横で見つめていた妻の由起子さんです。

「三白」と言われ、砂糖、卵と共に、スーパーマーケットで特売の目玉商品として安売りされる豆腐。どのメーカーの商品も個性（personality）を失い、消費者にすれば、どこのメーカーのものを購入しても大差がなく、価格によって選ばれる商品のひとつです。

そうした商材を扱いながらも、安心堂白雪姫にはたくさんの礼状が届き、「つくった人に会いたい」と、全国から多くのお客様が足を運びます。１９８４年の創業以来、一隅を照らすように、豆腐本来の味とおいしさを追求する橋本夫妻の人柄が共感を集め続けているのです。

「多くのお客様との出会いを楽しみにして、日々精進しております」と橋本夫妻。

安心堂白雪姫を語る上で、金沢の持ち帰り寿司の名店「芝寿し」創業者、故梶谷忠司さんは欠かせません。縁の始まりは、船乗りだった太七さんが由起子さんに心配をかけまいと、子が生まれたのをきっかけに、商売を学ぼうと芝寿しに研修へ入ったことでした。

太七さんは、今も梶谷さんを「人生の師父」と仰ぎます。商業界創立者、倉本長治が提唱した理念「店は客のためにある」ことに徹する梶谷さんの姿を間近で見てきたからです。

1970年代、石油ショックによって物価が高騰したとき、梶谷さんは「お客様に迷惑をかけてはいけない」と価格据え置きを宣言。太七さんは製造現場の長としてコストダウンに奔走しました。すると、「あの店は頑張っている」というお客様の声が、街中に広がっていきました。

梶谷さんの商いは、素材の徹底した吟味から始まります。加えて、その価値をお客様にわかりやすく伝えることに心をくだき、商品名やパッケージにも工夫を凝らして価値を高める努力を怠りません。「その妥協のない姿勢を私たちも受け継ぎ、安心堂白雪姫では量産や安価とは違うところで、ものづくりをしています」と太七さんは言います。

3カ月の研修のつもりで働きはじめた芝寿しでの12年目のあるとき、親戚筋から大阪で豆腐店の承継を持ちかけられました。二人に「与えられるもの」は、豆腐だったのです。

由起子さんは賛成しますが、実は半年前まで病の床に伏していました。原因不明の病気により入退院を繰り返し、3人の幼子を抱えながら寝たきりの生活を余儀なくされたのです。「トイレに行くのにも、食事するにも主人の手を借りなくてはなりません。嫌な顔ひとつせずやってくれるどころか、『お、今日もいい顔してるね』と、いつも明るく声をかけてくれる。痛みと辛さで泣いていて、よい顔のわけがないのにね」と、由起子さんは振り返ります。

闘病生活のトンネルを、太七さんの献身的な支えと最先端の治療により約3年で抜け出した半年後、豆腐店承継の話は持ち込まれました。「店は、夫婦が心を合わせて協力しなければ興せません。私たちは闘病生活を通じて、すでにそれをやってきた。だから創業にためらいはありませんでした」と決断したのです。

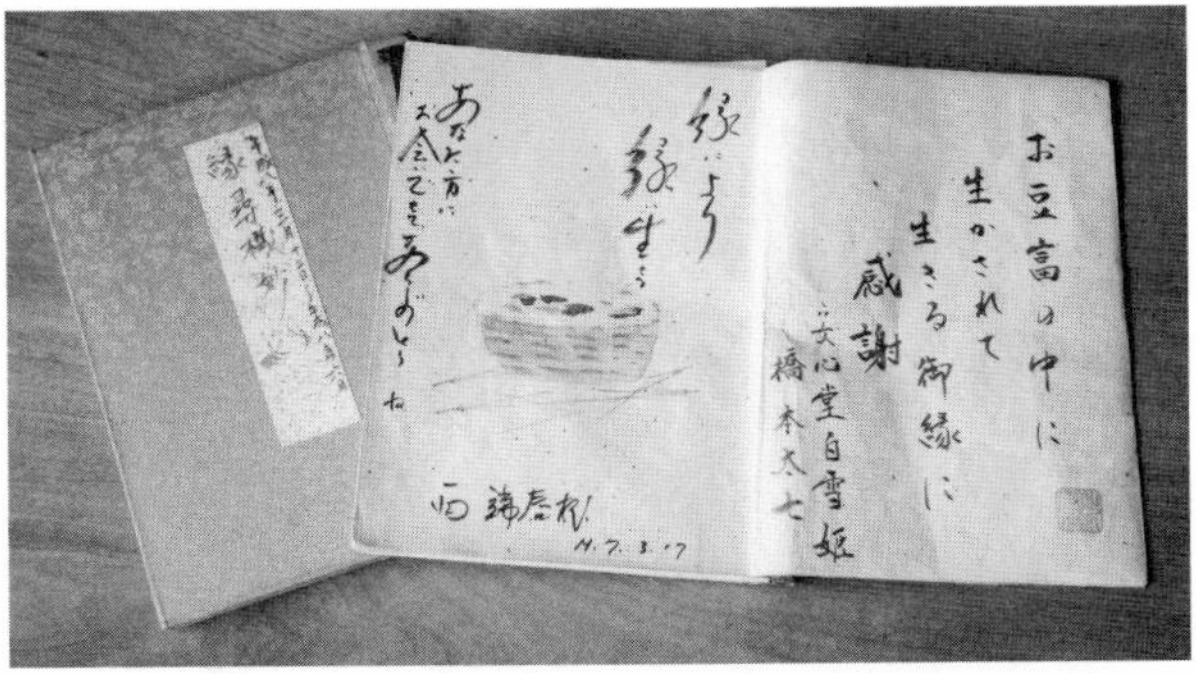

安岡正篤の言葉を冠する寄せ書き帳「縁尋機妙」。二人が師と仰ぐ、ニチイ創業者の故・西端春枝さんの言葉もある。

退職時には関係者を集めた送別会が開かれ、3人の子どもたちも呼ばれました。創業により家庭環境は大きく変わり、子どもたちにも負担がかかります。だからこそ、多くの人に惜しまれ、旅立つ親の姿をきちんと見せておくことが必要という梶谷さんの配慮でした。「そこまでしていただいた以上、いい商人にならなければいけないという思いを強くしました」と橋本夫妻。多くのお客様に愛され続ける安心堂白雪姫は、こうして生まれました。

早朝4時からの仕込みに始まり、営業が終わる午後9時まで、二人の働き詰めの毎日は続きます。そんな創業時、梶谷さんが前触れもなく様子を見に訪れたことがありました。

二人の説明を聞きながらも、ほとんど何も語ることなく帰って行った後、梶谷さんから一通の手紙が届きます。そこには、こう書きつづられていました。

〈「創造と挑戦」で、安心堂を大阪で一番の豆腐店にしてください。一番とは「一番おいしい豆腐を造る店」ということです。決して、一番儲ける店ということではありません。

サービスとは、原価率をできるだけ上げて、お客様に少しでもおいしい豆腐を食べてもらうことに日夜努力することです。創業だからといって、チラシを配ったり、派手に看板や景品を出したりすることではない。何よりも最高の原料を使うこと、そして目に見えないが、金をかけても良い水を使うことも大事だ。

一見馬鹿らしいことのようだが、その馬鹿正直な一徹さがお客様の舌に響き、お客様の共鳴を呼ぶ。「ああ、おいしい」というひと言は、クチコミとなって大きな波紋を描いて、無限に広がっていくので、結局大阪一のおいしい豆腐と言われるようになるのだ。

原価率だの、粗利益率だのという賢い豆腐屋になるな。ただおいしい豆腐を造ることに専念する馬鹿なような商人であってほしい。〉

この教えを太七さんは愚直に実践しました。すると彼の商いに共感した人の縁により、北海道産の良質な大豆、会員制で頒布される天然にがりという最高の素材にめぐり会います。

試作を約1年繰り返した末、屋号にもなっている看板商品「白雪姫豆腐」が完成。それをはじめ「ふわり」「豆富亭」などの商品名は、命名学にも長けた梶谷さんが名づけ親です。

馬鹿正直な商いに徹すれば、必ずお客様の共鳴を呼ぶ

こうして、商売が軌道に乗りはじめたある日、太七さんは一編の詩に出会います。住友グループの中興の祖、田中良夫の「私の願い」です。

〈一隅を照らすものでわたしはありたい　わたしのうけもつ一隅がどんなにちいさい　みじめなはかないものであっても　わるびれずひるまず　いつもほのかに照らしていきたい〉

梶谷さんから教えられた商売の基本と共に、この詩を豆腐づくりの戒めとしています。

「お客様に喜んでもらうには何をすればよいのかを常に二人で相談し、やってきました。振り返ると、梶谷さんからの手紙のとおりとなり、お客様が返してくださっています」と太七さん。続けて、「これからも淡々とやっていくだけです」と、二人は声を揃えます。

ひとくち食べると、じんわりと幸せが満ちていく安心堂白雪姫の豆腐。そのおいしさは二人の人柄の反映にほかなりません。

物を通して人を笑顔するために「さがしモノの旅」は続く

カタカナ（雑貨店）

アパレル、雑貨、食などさまざまな分野で最先端が集まる東京・自由が丘。その中にあって、ひときわ存在感を発揮する雑貨店があります。

「日本のカッコイイを集めたお土産屋さん」をコンセプトに2010年創業。大量生産・大量消費の濁流とは距離を置いた、小さくても澄んだ泉にあるような日本産のよいものを発掘し、独自の仕入れ哲学で編集するセレクトショップ「カタカナ」です。

文具、書籍、玩具、食器、衣料品、服飾雑貨、食品など、さまざまなカテゴリーの商品が編集される品揃えは一見すると多種多様ですが、実は一本の太い柱が通っています。すべてがメイドインジャパンであり、店主の河野（かわの）純一さんが惚れ抜いて仕入れた品々です。そこには〝用の美〟を感じさせる、デザイン性と機能性に優れた逸品が揃っています。

人には人柄があるように、店には〝店柄〟があります。そして、店柄は店主の人柄を色濃く映す鏡です。いったい、河野さんはどんな商人なのでしょうか？

父はアパレル製品をデザインから型紙に起こすパタンナーであり、母は縫製を仕事とし、

カタカナ創業きっかけをつくった曲げわっぱ弁当箱。秋田県大館でつくられているものを扱う。

河野さんは洋服に囲まれて幼少期を過ごしました。たまに父と出かけるときには、行くのは決まって百貨店などの婦人服売場。自然と興味は服飾業界へと向いていきました。

大学を卒業して入社したのが、当時の日本ファッション界をリードしていた婦人服専門店「鈴屋」。いつか自分で商売がしたいという夢を持つ一方で、最初に配属された店舗で、河野さんは接客と売場づくりの面白さを学ぶことになります。

「お客様との会話の中から気づきを得て売場を変えると、お客様に喜ばれ、売上げにつながる。今も私が接客を大切にするのは、このときの経験に原点があるのだと思います」

その後、本部で発注業務や商品開発業務を歴任し、商売のしくみと面白さを学んでいた1997年、鈴屋が経営不振から和議を申請。会社を牽引していた先輩たちが相次いで去っていきました。

しかし、河野さんは鈴屋立て直しの柱と目される新規事業の担当者の一人に抜擢され、取引先開拓、情報収集などで国内外を飛び回ることとなります。そこで出会ったのが、日本各地で注目を集めていたセレクトショップの店主たちでした。

彼らは、いずれも自分と同じ世代。彼らの商いに触れ、あらためて自分の店をやりたいという思いが強くなっていったのです。

また、ニューヨーク出張でファッションの最先端で働く人たちと仕事をしているときのこと。その一人が河野さんにこう言いました。

「それ、カッコイイね」

彼は、河野さんの日本製シャープペンシルのデザイン性と機能性の高さを激賞したそうです。日本製の中にも、世界に誇るべきカッコイイものがあると実感した瞬間でした。

河野さんが日本製の良品に注目し、起業を決意したエピソードがもうひとつあります。職場結婚した妻・与輔子（よほこ）さんが病にかかり、薬の副作用で味覚を失い、食欲がなくなってしまったことがありました。おいしいものが好きな彼女に、またおいしいものを味わってほしい――これが、河野さんの願いになったのです。

10周年記念にスタッフ全員で記念写真。「みんなの笑顔の写真はカタカナの宝です」と河野さん。

ある記念日、思い出になるものを買おうとなったとき、与輔子さんから日本の伝統工芸品のひとつ、曲げわっぱの弁当箱をリクエストされました。そこで河野さんは、百貨店で秋田杉を素材とする曲げわっぱ弁当を探し求め、彼女はそれにお弁当を詰めて出社したところ……。

「ご飯がとてもおいしかった。これだったら食べられる」と、与輔子さんは帰宅するなり笑顔を見せました。日本製ってすごい——こうして河野さんは日本製の良品に魅了され、40歳で鈴屋を退社。1年間の準備期間を経て、自由が丘に13坪の店を開いたのです。

「お金はないので、行く場所だけあたりをつけて、青春18きっぷで産地をアポなしで訪ねました。その土地を知り、その土地でつくられる良品を知ると、すばらしい作り手に必ず出会えるんです。こうした〝さがしモノの旅〟を繰り返し、カタカナを育てていきました」

カタカナの品揃えには、三つの基準があります。第一に日本の良品であること。長く愛用でき、大メーカーが大量の広告費を使って宣伝しているものより、作り手の思いや人柄がこもり、それが使い手にも支持されてつくり続けているものです。

第二は適正価格。同店には数十円の雑貨から数万円の衣料品や工芸品があります。高価な商品でも、機能だけを考えるなら100円ショップでも買えるものもあります。しかし、生活者としてその価格に納得できる理由があれば、それを伝えることこそ、伝え手である商人の役割と河野さんは考えています。

そして第三はカタカナらしさ。見た目だけの表面的なデザイン性だけではなく、内面から感じられる面白さや懐かしさ、そして新しさを大切にしています。

「たとえば、カタログは後ろから見ます。前のほうには新商品だったり、売れ筋が載っていたりしますが、後ろには、そのメーカーなり作り手がどうしても伝え続けたい愛着ある商品が載っているものです。そんな良品にこそ、カタカナの世界観と共通するものがあります」

そんな河野さんが、持ち前の笑顔を失っていた時期がありました。それは渋谷駅前に開業した商業施設に出店し、売上げも順調に伸びていたときのこと。自分ばかりか、従業員たちの顔からも笑顔が消えていることに気づいたのです。

「あの頃の僕は変でした。競合店に、品揃えがパクられたと苛立ったり、日々の売上げに一喜一憂したり。いつも売上げと競合店ばかりを気にしていました。木ばかりを見て、森を見られなくなっていたんです」

自分が何のために商売を始めたのか？　それは関わる人たちを笑顔にするためだったと思い直し、商業施設から撤退。「もう一度、この小さな店を輝かせることに集中したい」と、「素直な心で笑顔を追い求め続ける」という理念を立てました。

今、売場には笑顔が戻っています。カタカナらしさを共有する従業員の笑顔、いつも驚きと愛着を感じさせてくれる品揃えに、「この店は私のお店」と感じてくださるお客様の笑顔、そして河野さん自身の笑顔です。物を通じて人を笑顔にするという思いを胸に、河野さんの日本全国を回る「さがしモノの旅」はこれからも続いていきます。


自らの足を使って探せば、本物の商品に必ず出会える。

一人のお客様のために、心からの誠実を尽くす王道の商い

やまつ辻田（和風香辛料店）

「この技を自分の得意技と決めたら、それをとことん極めろ。小細工をせず王道を行け」最高段位の一つ手前、七段の心技体を持つ剣士、辻田浩之さんが、日ごろ門下生に教えている精神であり、道を示す言葉です。主宰する剣道道場「東陶器春風館」で、小学生から大学生を対象に稽古をつける辻田さんの前職は、高校の英語教師。剣道の指導が終わった後は英語、数学、国語、漢字などを指導し、子どもたちに文武両道の道を教えています。

辻田さんには、人生をかけて追究するもうひとつの道があり、仕事があります。その道とは商人道。仕事とは、大阪府堺市で1902年から続く和風香辛料製造販売店「やまつ辻田」の4代目としてのものです。

和風香辛料とは、唐辛子や山椒、柚子や胡麻など日本の風土と食文化が生んだ調味料。料理の味を高め、風味を引き立てるばかりでなく、毒消しや体を温める効果、食欲増進、消化吸収促進といった多くの効用があり、辻田さんはその魅力を「心と体を豊かにする魔法の粉」と表現しています。

料金受取人払郵便

神田局
承認
6162

差出有効期間
令和４年11月
19日まで

郵便はがき

101-8796

511

（受取人）
東京都千代田区
神田神保町1－41

同文舘出版株式会社
愛読者係行

毎度ご愛読をいただき厚く御礼申し上げます。お客様より収集させていただいた個人情報は、出版企画の参考にさせていただきます。厳重に管理し、お客様の承諾を得た範囲を超えて使用いたしません。メールにて新刊案内ご希望の方は、Ｅメールをご記入のうえ、「メール配信希望」の「有」に○印を付けて下さい。

図書目録希望	有	無	メール配信希望	有	無

フリガナ お名前		性　別 男・女	年　齢 才
ご住所	〒 TEL　（　　）　Ｅメール		
ご職業	1.会社員　2.団体職員　3.公務員　4.自営　5.自由業　6.教師　7.学生　8.主婦　9.その他（　　）		
勤務先分類	1.建設　2.製造　3.小売　4.銀行・各種金融　5.証券　6.保険　7.不動産　8.運輸・倉庫　9.情報・通信　10.サービス　11.官公庁　12.農林水産　13.その他（　　）		
職　種	1.労務　2.人事　3.庶務　4.秘書　5.経理　6.調査　7.企画　8.技術　9.生産管理　10.製造　11.宣伝　12.営業販売　13.その他（　　）		

愛読者カード

書名

◆ お買上げいただいた日　　　年　　　月　　　日頃
◆ お買上げいただいた書店名　（　　　　　　　　）
◆ よく読まれる新聞・雑誌　（　　　　　　　　）
◆ 本書をなにでお知りになりましたか。
1．新聞・雑誌の広告・書評で　（紙・誌名　　　　　　　　）
2．書店で見て　3．会社・学校のテキスト　4．人のすすめで
5．図書目録を見て　6．その他（　　　　　　　　）

◆ 本書に対するご意見

◆ ご感想

●内容	良い	普通	不満	その他（　　　）
●価格	安い	普通	高い	その他（　　　）
●装丁	良い	普通	悪い	その他（　　　）

◆ どんなテーマの出版をご希望ですか

厳選された素材を石臼で丁寧に挽く辻田さん。お客様に最高の和風香辛料を届けるためである。

代表的な原料のひとつに、日ごろ私たちもよく耳にする「鷹の爪」があります。しかし、鷹の爪として売られるもののほぼすべてが、栽培しやすい他品種であり、安価な外国産であることは知られていません。現在、日本に流通している赤唐辛子の99%が外国産なのです。

鷹の爪とは、何百とある唐辛子の一品種のみを指し、その香りと辛さは群を抜いています。江戸時代の医者であり学者であった平賀源内が、72品種の唐辛子を解説した『蕃椒譜（ばんしょうふ）』で「食するにはこれを第一とすべし」と激賞するほどの品種です。

しかし今、絶滅の瀬戸際にあります。

堺・大小路を起点に大阪狭山から河内長野、そして紀見峠を越えて、真言密教の聖地・高野山に向かう西高野街道。その道沿いに、やまつ辻田はあります。

この地には昭和30年代まで、秋には一帯が真っ赤に染まるほど鷹の爪の栽培風景が広がっていました。しかし、熟す時期が不揃いな上に、上向きに一つずつなる実の小ぶりさゆえ、摘み取りに手間がかかります。1キログラムの粉をつくるのに6000個ほど必要ですが、10時間摘んでも3キログラムにもなりません。

他品種のようには採算がとれず、外国産には価格で太刀打ちできないことから、多くの生産者が栽培をやめていきました。古来、日本人が愛してきた味が、経済効率性を理由として消えていこうとしているのです。

「ここであきらめては、日本から鷹の爪が消えてしまう」と、辻田さんは奈良県や和歌山県、京都府、長野県、鹿児島県など各地の農家に鷹の爪の種を託し、採れた実をすべて買い取ることで純粋種を守り続けています。その理由をこう語ります。

「正直言って、売上げは微々たるものだし、利益も少ない。しかし、鷹の爪を守ることは自分の使命と言っても過言ではありません。これを守り伝えていくことは、日本の食文化を守ることであり、自分のアイデンティティであり、魂やと思うてます。まあ、ひと言で言うたら、鷹の爪に恋してるんやね（笑）」

現在、やまつ辻田以外の商品で鷹の爪純粋種の流通は確認されていないそうです。

辻田さんの原料に対するこだわりは、鷹の爪だけにとどまりません。和風香辛料の代表的商品である七味唐辛子とは、書いて字のごとく、七つの原料を粉に挽いて調合した、とても身近な混合香辛料ですが、「実はとても奥深い」と辻田さん。その奥の深さを、やまつ辻田の人気商品のひとつ「極上七味」で確認してみましょう。

みずみずしく華やかな香りを持ち続ける「山朝倉山椒」など、一つひとつが吟味された原料が使われている。

　たとえば山椒。一般流通品のほとんどが、小粒で実山椒として多く利用されている朝倉山椒か、大粒で加工しやすく一瞬高い芳香を放つぶどう山椒です。極上七味では、新芽と若実がみずみずしく華やかな香りを保ち続ける希少品種「山朝倉山椒（やまあさくらざんしょう）」を用いています。「山深い郷で細々と栽培されています。収穫量が少ないので、一軒でも多くの農家さんにつくっていただきたい」と辻田さんは言います。

さらに柚子は、国内生産量の半分以上を占める高知県の中でも「柚子の村」として名高い北川村において、種から育てられ、収穫までに18年から20年かかる実生柚子（みしょうゆず）を使用しています。接木で促成栽培することで収穫までに3年から4年で済む柚子と比べると、香りに雲泥の差があります。

「七味唐辛子というのはメインの食材ではないし、使う量もそう多くない。そのために、原材料に何が使われているかが見えにくい食品です。しかし大切なのは『未来を担う子どもたちに食べさせられるのか』という感性。だから、私はすべての原材料において、生産者の顔が見える、安全で信頼できる最高のものを選定しています」

こう語る辻田さんはこれら厳選した素材を、明治35年創業以来の石臼製法で丁寧に挽きます。機械によって短時間で大量に挽くのとは異なり、熱を持たないので原料の豊かな香りを損なわず、口あたりよく仕上げるためです。

こうした和風香辛料の真価を伝える手段であり、やまつ辻田の名を全国に広めたのが百貨店での実演販売でした。その数、一年で12カ所、約１００日に及びます。

辻田さんはどんなときも、そこで出会うすべてのお客様一人ひとりに好みや食生活を聞いた上で調合して販売しています。その誠実な人柄と、それを具現化した商品に惹かれ、催事を楽しみに待つリピート客が全国にいることは意外なことではありません。

「『たった一人でいいから商品の魅力をお伝えしたい』と思ってお客様に一所懸命お話しすると、いつも知らん間に行列ができてしまうんです。

僕は小学生の頃から剣道を続けており、剣すなわち人であるという思いを大切にされるお師匠様について修業しています。そのひと振りが、その人そのものだとご指導いただきました。ずるい技を出したり、横へ外したりしたら、そんな人間やと思われます。商売もそう。お客様を目の前にしたら、その一回の調合に思いを込め、誠実に真摯に向き合いたいと思っています」

「剣の道とは人の道であり、商人道もまた同じだ」と辻田さん。剣のひと振りに通じる、人との一期一会に注がれる誠実な人柄こそ、辻田浩之という商人の最高の売りものなのです。


人に人が相対するふれあい業である商いで、誠実の限りを尽くすのは繁盛の基本。

まちゼミを通して磨いた個性と人柄がファンを育てる

ペンズアレイタケウチ（文具店）

「お客さんは、みなさん通販に注文したり、郊外のショッピングモールへ出かけたり、コンビニや100円ショップですまされたり……。客数は減るし、売上げは上がらないし、続けるかやめるかの瀬戸際でした。でも、もう一度、自分の好きなものを徹底的にやってみて、それでだめならあきらめるしかないと、全エネルギーを注ぎ込んだのが、これでした」

愛知県岡崎市のまちなかで、70年近く営業を続ける文具店「ペンズアレイタケウチ」の店長、竹内さちよさんが16年前に取り組みはじめたのは、万年筆や高級ボールペンなど筆記具を使って書くことの楽しさを伝えることでした。さまざまな業態が文具を販売する競合下、価格の安さや品揃えの豊富さ、利便性を争うことの不毛さを知り尽くした上の決意です。

目標は5000円以上の筆記具を、年に365本以上販売すること。多くの専門書にあたり、東京の有名文具店へ視察に通い、メーカーには万年筆の種類や構造を教えてもらい、2004年からショーケースに高級万年筆の展示を始めました。

その年は116本にとどまったものの、25万円の万年筆が売れるなど手応えを感じ、「何

まちゼミに取り組んで以来続けられる「初心者のための万年筆講座」には毎回、熱心な受講者が集う。

よりお客様に手書きの楽しさを伝えられるのがうれしかった」と竹内さんは振り返ります。

「嫁いできて店に携わるようになってから、『どうして安く売らない！』『なんで割り引かないんだ！』と、毎日お客様に怒られてばかりでした。商売って謝るものなんだと思っていましたから（笑）」

高級筆記具の販売が軌道に乗ったきっかけのひとつが、2005年秋から取り組みはじめた「まちゼミ」でした。まちゼミ、正式名称「得する街のゼミナール」とは、まちの事業所の店主やスタッフが講師となって、地域の生活者に向けてプロの知識や経験、店の個性や事業者の人柄を披露するものです。受講者とのコミュニケーションを深める無料講座として2003年に岡崎で始まり、今では全国415地域以上、およそ2万7000の事業者が実践する「顧客」「店」「地域」の〝三方よし〟を実現する活性化事業です。

竹内さんが選んだテーマは、「初心者の為の万年筆講座」。ペン先の異なる万年筆の書き味を味わってもらったり、好きなインクを選んで書いてもらったり、自分で部品を組み立てて万年筆をつくって構造を学んだりと、「一人でも多くの人に万年筆の魅力を知ってほしい」という竹内さんの願いが込められています。まちゼミは、その魅力を伝える入り口でした。

「男性が多ければ、ペンの構造やインクの表面張力など科学的なお話を、若い女の子ばかりのときは、カラーインクについてお話しします。とにかく、みなさん話を聞きたいからやって来る人ばかり。どんどん吸収してもらえることがうれしいですね」

講座では、組み立てたばかりの万年筆で、2枚のはがきに自分の宛名を書いてもらいます。1枚は店からのお礼状として表は竹内さんら講師が書き、もう1枚は受講者に自由に書いてもらうので、しばらくたつと自分宛てにはがきが届きます。手書きのはがきを受け取る喜びも味わえるというしくみです。

講座の定員は8人まで、まずそれぞれ自己紹介してもらい、お互いを知ることから始めます。参加者はテーマに関心を持つ人だけであり、「初心者の為」とうたっているので、回を重ねてもほとんどが新規の参加者。未来の顧客候補が集まります。

初代の名を冠した創業90周年記念オリジナル万年筆「眞吉」。デザインは竹をモチーフとしている。

だからゼミの翌日には、さっそく購入に訪れる人、しばらくしてから「娘が大学に受かったので選んでほしい」とやって来る人と、確実に売上げにつながっています。やがて、「万年筆ならペンズアレイタケウチで」というのが、このまち、いえ東海地区の市民の共通認識になっていったのでした。

受講生の中には、万年筆の魅力にはまり、繰り返し訪れては何本も買い続けてくれるお客様や、今では竹内さんよりもはるかに豊富な知識を持つようになった愛好者もたくさんいると言います。そうした人たちを竹内さんは「巣立っていった人」と呼び、わからないことがあれば電話をして相談します。そうすると、とてもうれしそうに何でも教えてくれるそうで、そこには、店と客という枠を超えた関係性が育まれています。

「まちゼミはお客様が学ぶ場所ですが、反対に私たちも多くのことを学ばせてもらっています」と竹内さん。講座を通して、お客様とのコミュニケーションが深化していく中で、その人がどういう気持ちで店を訪れているのか、どんな商品を求めているのかがよくわかるようになり、それがより魅力的な店づくりに活かされています。

竹内さんが、まちゼミを通じて気づいたことは他にもありました。今まで、同じまちで商売をしていながら、意外にも他店についてくわしくなかったという事実です。

他店がどんな講座を開いているのか、講座に参加する人はどんな気持ちなのかを学ぶために、他店の講座に参加するうちに、店主・事業主同士が顔見知りになり、お互いのつながりや信頼関係が強化されていきました。まちゼミには、同じ地域で事業を営む店主や事業主同士が個性・人柄を知り合い、続けることで〝心の距離〟が縮まっていく効果もあるのです。

「店主同士がお互いを知ることで、まち自体が元気を取り戻すきっかけになる。それもまちゼミの狙いです」とは、岡崎まちゼミの会代表であり、まちゼミの普及・発展のために尽力する松井洋一郎さん。彼もまた、岡崎で化粧品店「みどりや」を営むまち商人です。

「お客様に、他店の魅力を誇らしく紹介できるようになり、新しくまちに引っ越してきた人に地元の店を案内できるようになる。まちゼミを通じて人と人、店と店が個性と人柄でつながると、その結果として、まち全体が元気を取り戻していけるのです」と松井さんは言います。

まちゼミの取り組みは、竹内さんとペンズアレイタケウチにも大きな変化をもたらしました。美文字クリニック、筆圧測定、水彩色鉛筆の使い方講座、修正テープの正しい使い方講座など、店独自のさまざまな講座・イベントを数え上げればきりがありません。こうした機会に講座の運営や集客をスタッフに任せることで、商品知識はもちろん、企画力、接客力など個々の能力のレベルアップにも役立っています。

5000円以上の高級筆記具の購入者を記録する「ペン日記」は当初から書き続け、その数は6100人にも上ります。購入商品はもちろん、ペン幅や購入目的など、本人の承諾のもとで記録して整理しています。

「この間のプレゼントはいかがでした?」と、ペン日記を見ながら切り出せば、おのずと会話は弾みます。今では、高級筆記具を年に約1000本販売。うわさを聞きつけて、東京をはじめ県外からもお客様がやって来る人気店になっています。

売り買いの前に個性と人柄を伝えれば、店と商人はお客様の一番になれる。

personality（個性・人柄）を磨き、伝えるための三つの質問

あなたの哲学・理念（philosophy）が魅力に満ち、それを具現化した物語性豊かな商品（story-rich product）があっても、伝えたいお客様に伝わっていなければ、この世に存在していないのと同然です。価値は、伝えたい対象に届いたとき、はじめてその真価を発揮します。

減少傾向にあるとはいえ、日本には99万店ほどのリアル実店舗小売店があり、67万店ほどの飲食店があります（経済センサス）。商業集積に目を移せば、商店街はおよそ1万2000（商店街実態調査報告書）、ショッピングセンターはおよそ3200（日本ショッピングセンター協会）を数えます。

一方、新型コロナウイルス感染症の拡大を追い風に躍進するインターネットショッピングの世界を見ると、日本のオンラインショッピングモール大手の「楽天市場」には5万店超、初期費用と月額利用料が無料の「ヤフーショッピング」には90万店超、アマゾンジャパンには2015年6月に公表されたきりですが、17万8000店がひしめき合っています。

さらに、私たちが商品を購入する方法は、これら事業者が営むBtoC（企業消費者間取引）だけにとどまりません。「ヤフオク！」に代表されるネットオークション、「メルカリ」をはじめとするフリマアプリといったCtoC（消費者間取引）が急拡大しています。これまで10～30代女性が市場を牽引してきましたが、現在は男性や高齢者層の利用が広がっていると、経済産業省「電子商取引に関する市場調査」では指摘しています。

このように、店と情報があふれる中で、あなたの店が選ばれることは奇跡と言ってもいいでしょう。そんな奇跡を日常のものとするには、あなたの個性・人柄（personality）を磨き、漏れなく伝えることが必要不可欠なのです。

そのために、三つの質問を用意しました。

質問① あなたが仕事で誇りを持っていることは何でしょうか？

あなたが商売や仕事をする上で、誇りを持っていることは何でしょうか？

それが、仕事の中にあれば申し分ありませんが、今はなくてもかまいません。とにかく熱中できるものの中に、あなたの個性・人柄（personality）があります。それを見極め、応用して仕事に活かしてみましょう。

たとえば、あなたは小さい頃から絵が好きだったとします。その〝好き〟〝楽しい〟という感情を、もう少し掘り下げてみると、そこには必ず誰かの笑顔があるはずです。あなたの絵を観て感心してくれたり、喜んでくれる人がいるはずです。

仕事も同じです。自分の働きによって誰かが喜んでくれるから、私たちは働けるのです。あなたの仕事を通じて、誰が喜んでくれているでしょうか？　たった一人でかまいません。その笑顔を、水紋が広がるように少しずつ広げていきましょう。

絵が好きなら、売場に1枚のＰＯＰを描いて貼ってみてもいいでしょう。誰も見てくれなかったら、何度も書き直してみましょう。繰り返していれば、きっと目を留め、商品を購入してくれる人が現われるはずです。好きで楽しいことだから、続けられるはずです。それがあなたの個性・人柄を育み、伝える力を養ってくれます。

質問②　お客様の立場から店と商品を見てみたらどう見えますか？

「開店から閉店まで、時間をつくって何度も店の外に立ち、自分の店を見るようにしています」と語ってくれたのは、日本では知らない人がいないカジュアル衣料品店チェーンを代表するエース店長です。彼が運営する東京・銀座にある旗艦店を取材したときのことです。

「店外に立ったとき、心がけていることが二つあります。ひとつは、お客様の視点に立つことです。入りやすいか？　思わず入りたくなるようなディスプレーができているか？　お客様になったつもりで店を見るのです。

もうひとつは、お客様そのものを見ることです。立ち止まったものの、入店されなかったお客様はどんな人か？　そのとき、何に目を留めていらっしゃったか？　そうした現象を受け止めて、やはりお客様の気持ちを想像してみます」

このように、店や商品をお客様の立場から見るのは、ややもすると自己中心的となり、独りよがりになりがちな視点や感情を修正するためです。どんなに自分が好きで楽しくても、お客様がそれに価値を認めなければ、個性や人柄は伝わりません。

質問③　お客様への価値伝達、何なら毎日続けられますか？

質問①で、自分が好きで楽しいことを見つけました。質問②で、お客様の気持ちを想像してみました。これら二つが重なるところに、あなたならではの個性と人柄があります。

三番目の質問は、効果的に自分のことを知ってもらう方法を特定するためのものです。

たとえば、あなたには親しくなりたい人がいます。その人のことをよく知りたいし、自分のことを知ってもらいたいという相手です。恋愛なら恋人であり、商いならお客様です。

「あんたが、あんたのバラの花をとてもたいせつに思っているのはね、そのバラの花のために、ひまつぶししたからだよ」とは、名作『星の王子さま』でキツネが王子さまに語る言葉。バラとはお客様そのものです。

では、お客様に対してどのように時間をかけるべきでしょうか？　それは年に一度の長時間より、毎日の短時間。毎日のちょっとした積み重ねが、あなたをお客様の特別な存在にしてくれます。

だから、毎日続けられる価値伝達法を見極めるのです。幸い、現在はＳＮＳなど手軽で費用のかからない手段があります。あなたは、何なら毎日続けられるでしょうか？

以上、これら三つの質問への答えを次の二つにまとめてみましょう。自分と約束を結び、それに向かって粛々と歩む先にこそ、繁盛は手を広げて待っています。

私は（　　　　　　　　）を大切にして生きていきます。
そのために私は今日から（　　　　　　　　）を続けます。

毎日の価値伝達では、あなたの哲学・理念（philosophy）と、それを具現化した物語性豊かな商品（story-rich product）を伝えましょう。あなたの個性・人柄（personality）がはっきりしていれば、それらはお客様の心の深くまで届くでしょう。

CHAPTER

4

PROMISE

お客様との「約束」を果たし、「絆」を結ぶ

わざわざ行きたくなる店になり、どうしても会いたくなる人になる

〈あの一輪の花が、ぼくには、あんたたちみんなよりも、たいせつなんだ。だって、ぼくが水をかけた花なんだからね。覆いガラスもかけてやったんだからね。ついたてで、風にあたらないようにしてやったんだからね。ケムシを二つ、三つはチョウになるように殺さずにおいたけど殺してやった花なんだからね。不平もきいてやったし、じまん話もきいてやったし、だまっているならいるで、時には、どうしたのだろうと、きき耳をたててやった花なんだからね。ぼくのものになった花なんだからね〉

サン=テグジュペリの『星の王子さま』にある一節で、キツネと友だちになり、何千本も咲いているバラをもう一度見に行った王子さまがバラたちに投げかけた言葉です。

あなたにも、「ぼくのバラ」のように重要な存在があるはずです。なぜなら、商いとは大切にしたい人を大切にしようとする営みだからです。

商いでは、そうした存在を便宜上、「お客様」と呼んでいるだけにすぎません。その人に

今よりも心豊かに、幸せになってもらう営みに励みましょう。お客様にそう感じてもらえた成果の分だけ、私たちは利益を得ることができるのです。

かつて、place（立地・流通）は、商いにおいて盛衰を決める重要な要件でした。もちろん現在でも、利便性を売りものにする店にとっては同様です。リアル店舗であれば、よりよい立地条件を求め、オンラインショップであっても、検索上位になるように広告宣伝費をかけます。

しかし、より便利でアクセスしやすい立地に、あなたの店と似たような店が開業したらどうなるでしょうか？　少々劣るような競合店であっても、立地に頼るかぎりは、あなたの店からお客様は離れていくでしょう。

よい立地は、不動不変ではありません。かつては栄えた街が、ついこの間まで繁盛していた商業施設が、立地環境の変化で衰退していく例を、私たちはいくつも知っています。もしかしたら、あなたの店もそんな過去の立地に取り残されているかもしれません。

しかし、そうした立地でも多くのお客様が訪れ、繁盛できる方法があります。その店が立地以上にお客様を惹きつける魅力を持っている場合です。

事実、初めて行こうとしてもたどり着けないような悪立地にありながら、またはほとんど人も通らないような場所にありながら、そこだけはお客様でにぎわっている店は珍しくありません。多くの人が近くの店を素通りして、わざわざ遠くから訪れる店です。

その違いはどこにあるのでしょうか？　もう一度、『星の王子さま』にあたってみましょう。キツネが王子さまに「関係をつくる」ことの意味を語りかける場面の言葉です。

〈おれの目から見ると、あんたは、まだ、いまじゃ、ほかの十万もの男の子と、べつに変わりない男の子なのさ。だから、おれは、あんたがいなくたっていいんだ。あんたもやっぱり、おれがいなくたっていいんだ。あんたの目から見ると、おれは、十万ものキツネとおんなじなんだ。だけど、あんたが、おれを飼いならすと、おれたちは、もう、おたがいに、はなれちゃいられなくなるよ。あんたは、おれにとって、この世でたったひとりのひとになるし、おれは、あんたにとって、かけがえのないものになるんだよ……〉

こうした互いを必要とする〝絆〟こそ、立地に勝る集客の磁石です。経済は成熟し、人口が減少していく今後は、なおのこと重要性を増していくでしょう。

では、大切にしたいお客様とどのように絆を結べばよいのでしょうか？　このとき欠かせないのが、店からお客様への promise（約束）です。

promise の pro とは「前もって／将来に送る／目の前の相手に送る」という意味を持つ接頭語です。mise の由来はラテン語で「送る」を意味する mittere。ミッション（mission）と同じ語源です。つまり、事前にメッセージを送って合意するという意味であり、メッセージの中には「明るい見込み」が含まれています。

商いとは、お客様に〝明るい未来〟を約束する営みです。そのためには、あなたならではの philosophy（哲学・理念）に基づいた story-rich product（物語性豊かな商品）を、あなたらしい personality（個性・人柄）で伝えることです。

そして、それらを体験・共有できる機会と場を設けましょう。毎日の接客や売場でのちょっとした「ＷＯＷ体験」を、または非日常的なイベントや店と顧客同士の交流を、無理なく続けられる範囲で行なってください。この後に紹介する実践事例では、そうした取り組みを紹介しました。

すると、あなたの店やあなた自身がお客様にとって「ぼくのバラ」になるのです。これを絆と呼びます。

絆は約束を果たしたとき、いえ、約束を果たそうと努力する姿をお客様があなたに認めたとき、どんな理由よりも強い来店動機を与えてくれるでしょう。place（立地・流通）よりも、promise（約束・絆）を大切にする理由がここにあります。

商品と講座を通じて、まっとうな食事のあり方を約束

福島屋（スーパーマーケット）

東京・羽村市を拠点にスーパーマーケットやレストラン、ケーキショップなどを営む「福島屋」は、50年にわたり黒字経営を続ける優良企業です。いまだにメーカーや問屋に推奨された商品を、チラシを打って特売するだけの商いから多くの店が抜け出せない業界にあって、高い価値を生み出す福島屋の商いはひときわ輝いています。

「私たちは、まっとうな日々の食事のあり方を伝えていく食のセレクトマーケットです」と語るのは、長年にわたって全国の産地を回り、生産者と生活者、そして販売者の誰もが笑顔になる食を追求してきた福島徹さん。その商いのあり方を「三位一体」と表現します。

といって、何か見た目に特別な商品を販売しているわけではありません。売場に並ぶのは、私たち日本人が昔から親しんできた食材や加工品、惣菜。しかし、そのほとんどが、他店では見られない生産者・加工者のものであり、福島屋自らがつくり上げたものです。

そのときどきの旬を大切にしつつ、日本の伝統的な風習や文化といったものを背景に持つ

「食の原点は家庭にある」という福島屋の考えから、講座では家庭食の基本が伝えられる。

滋味豊かな食に親しんでいただくこと、それが福島屋のpromise（約束）です。「よい食を追求することはよく生きることにつながります」という福島さんの考えと実践に共鳴する生産者、生活者との絆こそ、同社の強みなのです。

価値を伝える上で重要な役割を担っているのが、2010年から行なっている「美味しい時間」という料理講座です。「えらぶ、つくる、整える」をテーマに、吟味した素材や料理方法などを生活者に伝え、食に関する意識を高めてもらうことを目的にしています。

定員15人ほどで1時間30分、参加費用は1人1000円が基本。単なる料理教室ではなく、メーカー商品の売り込みでもありません。生産者の想いや、素材、商品の魅力などを伝え、調理方法を紹介し、試食を通じてコミュニケーションと学びを深める場なのです。

取り上げるテーマは豆料理教室、豆腐教室、チーズ教室、リゾット教室、珈琲講座などジャンルは多彩。最近は日本の伝統料理のテーマが多いといいます。

「たとえば、わさび漬は無添加のものはとてもおいしくて、価値があります。ですが、今の若い世代はつくれない人が多い。講座ではその調理方法を伝え、売場には旬のわさびと酒粕を販売しているので、買って家でつくれます。今日はつくれないという人には、わさび漬を販売しています」と福島さん。講座と売場が連動しているからこそ、同店への愛着は深まり、やがてお客様にとって福島屋は無二の存在となるのです。

講座のテーマは、売場の見直しの過程の中から生まれてきます。福島屋では売場改善のために、部門別に売場や棚の写真を見ながら意見を交換し、評価の低い売場の改善点を探し出す会議を実施。これをグラフィック・ワークショップといい、その中からお客様に伝えるべき価値のある商品や、新たな開発商品などをピックアップ。これをもとに、講座のプロジェクトチームが1カ月先の基本プランを組みます。

「美味しい時間」を主宰し、デリカやプライベートブランド商品の開発を通じて、福島屋のおいしさを支えるのが福島さんの妻・美恵子さんです。「よい食材を選べば、お料理は半分完成したようなものよ」と言う美恵子さんの料理は言葉のとおり、いたってシンプルです。素材そのものをおいしくいただける調理方法と彼女の人柄に、多くのお客様が信頼を寄せて

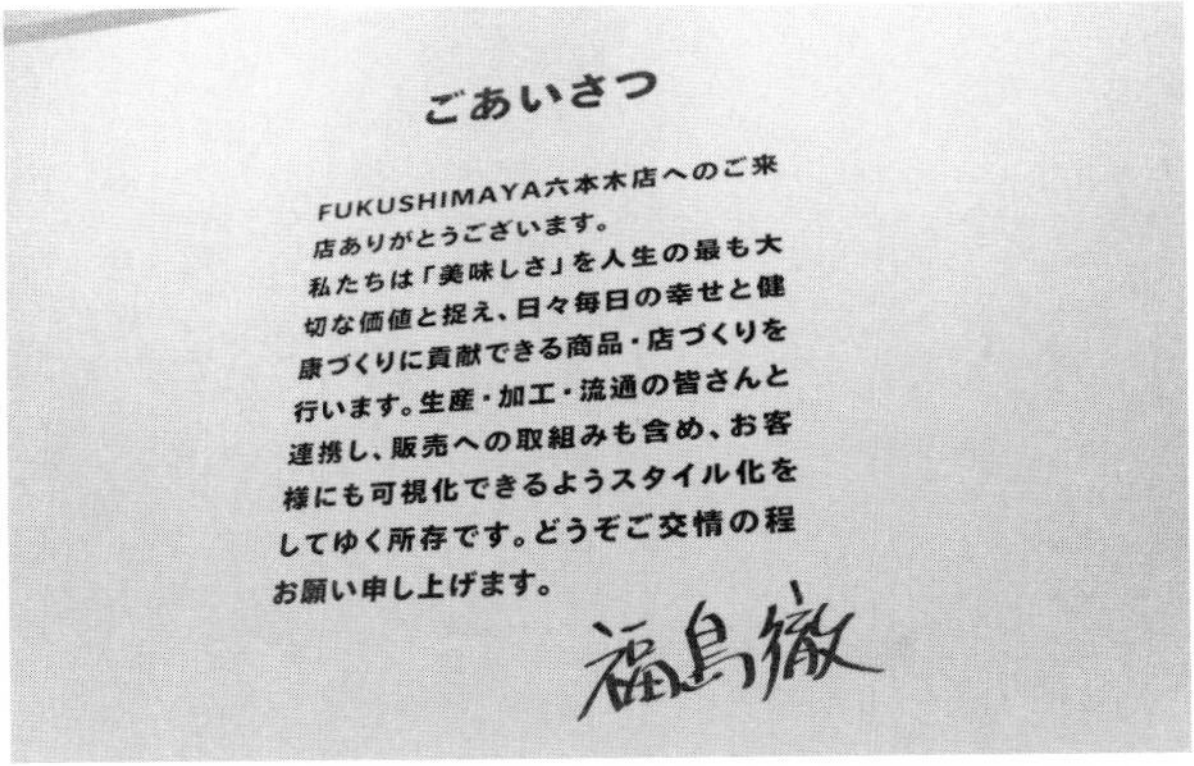
ごあいさつ
FUKUSHIMAYA六本木店へのご来店ありがとうございます。
私たちは「美味しさ」を人生の最も大切な価値と捉え、日々毎日の幸せと健康づくりに貢献できる商品・店づくりを行います。生産・加工・流通の皆さんと連携し、販売への取組みも含め、お客様にも可視化できるようスタイル化をしてゆく所存です。どうぞご交情の程お願い申し上げます。
福島徹
六本木店に掲げられたお客様へのメッセージ。人生の最も大切な価値である「美味しさ」を約束。

います。

講師は、美恵子さんをはじめ従業員が担当。また、従業員やアルバイトも講座に参加し、店舗で販売する商品の知識向上に努めています。

「講座は単に話すのではなくて、何を目的にやっているのか、ポリシーとか意義なりをしっかりとしないと続かない。それをみんなで協力して工夫してやること、つまりコミュニケーションがベースです。また、講座は従業員の勉強の場でもあります。これをやることによって、従業員のモチベーションが上がり、店舗運営の質がよくなりました」と福島さんは言います。

講座と店舗がつながっているのと同時に、福島屋は産地ともつながっています。「産地を見て、そこと付き合うならば、どのようによさを引き出すかがポイント」と福島さん。

たとえば干物は通常、製造工程のはじめに生魚を冷凍する工程が入るもの。福島屋では漁港の加工業者に依頼して、水揚げ後すぐに干物に加工するしくみを築いています。これにより、品質、味わいの高い商品を開発できるのです。

また、「産地をきちんと見る」のが福島さんの流儀です。生産者が何を大事にしているのかを知ることも必要ですが、価値を生み出せるのにロスを出しているものがあり、そこを見極めて対応することが大切だと言います。

ある農家から、「形が悪くて出荷できない大根をどうにかできないか」という相談を受けたことがありました。そこで、切干大根に加工したところ好評で、今では人気の定番商品に育っています。また、産業廃棄物として捨てている大根の皮は栄養価もあることから、キンピラとして販売するなど、生産者のつくった価値を商業者の知恵と工夫によりさらに高め、それを生活者に伝えるところに福島屋の商いの真骨頂があります。

吟味された食材のおいしさを伝える方法として見逃せないのが、惣菜・弁当です。多くの同業が経済効率性を優先してセントラルキッチンで一括調理する中、福島屋では店内に併設されたキッチンで素材を一から調理して提供しています。

「それは、畑で穫れた新鮮な野菜が持つ栄養価やみずみずしさに、できるだけ近い状態で食べていただきたいという私たちの願いであり、お客様への約束です。そのための素材の吟味は欠かせません」と福島さん。「惣菜・弁当に使われる野菜から米、調味料まで、ほぼすべての食材は店で扱う商品です。私たちが選んだ食材を、お客様に試食（テイスティング）していただきたいのです」と言うように、同社では自らの業態をスーパーマーケットではなく、「テイスティングマーケット」と定義しています。

〈私たちは「美味しさ」を人生の最も大切な価値と捉え、日々毎日の幸せと健康づくりに貢献できる商品・店づくりを行います。〉

これは、２０１４年開業以来、多くのリピーターに支持される六本木店の店頭に掲げられた福島さんからのメッセージ。こうした約束を宣言することは簡単ですが、それを追究し続けることは容易ではありません。「だからやりがいがあるし、楽しい」という福島さんの営みが終わることはありません。

どんな状況でも楽しさを見出し、純粋な心でこつこつと一つひとつ積み上げていこう。

危機にあって真価を見せた三人のパートナーとの固い絆

生活の木（ハーブ・アロマテラピー専門店）

逆境が人間の魂を育て、不況が企業の地力を養うことを証明する事例です。

２０２０年春、新型コロナウイルス感染症の蔓延によって、主要都市に初の緊急事態宣言が出されたとき、日本経済という生きものの血流は止まりかけました。小売業、飲食業など生活産業ほど影響は大きく、国内外の多くの企業が苦境に立たされたことは周知のとおりです。日本におけるハーブとアロマテラピーのパイオニア企業「生活の木」も、他社同様にコロナ禍の猛威を受け、全国１１０店舗すべての営業中止を余儀なくされました。直営の専門店事業は同社売上高の約7割を占める屋台骨。それが2カ月間にわたり休業を余儀なくされたのです。

当然ながら、8月の決算も他企業同様に惨憺たる結果かと思いきや、前期比3％の増収、2・5倍の増益。卸売事業とオンライン通販事業の健闘、さらにはコロナ禍対応商品の開発など理由は事欠きませんが、その背景には同社、そして経営トップと約束で結ばれ、絆でつながる三人のパートナーの存在がありました。

ガーナでのシアバター収穫の様子。風土の恵みを通じて生産者と生活者の価値観と心をつなぐ。

一人目のパートナー、それは社員です。

「絶対に雇用を守るから安心して休んでください。その間も給与は全額支給します」

自宅待機となった店舗スタッフをはじめ全社員に対して、同社社長の重永忠さんは時を置かずに約束しました。「休むことで健康を維持し、それを〝志事〟としてください。そして営業再開後に、どうしたらお客様を感動させることができるかを考え抜いておいてください」と、動画で語られるトップのメッセージが、不安を抱いていた社員の心を落ち着かせたのです。

さらに重永さんは、110人の店長一人ひとりと毎日6人ずつオンラインで面談。会社方針や自身の意志を伝えるとともに、店長それぞれの話に時間をかけて丁寧に耳を傾け、悩みや不安に寄り添うことで、コミュニケーションを深めることを最優先しました。

そして、二つの約束をお願いしたと重永さんは言います。

「ひとつは今の困難をコロナのせいにしないこと、もうひとつは『本当だったら、こうだったのに』とコロナを言い訳にしないことです。その代わり、お客様のお役に立てることを考えて、よいと思ったら決裁はいらないから、店独自でやってほしいと伝えました」

こうして育まれる絆が、今できることをやりきる行動力、スピードを育みました。たとえば、マスクにハーブの芳香剤を吹きかけることで気分転換してもらうマスクスプレーといったヒット商品を生み出し、消臭スプレーなど新たな事業領域を切り開いたのです。

「長い間、会社は何のためにあるのかと自問自答してきました。そして、社員が人生を賭けて行なう〝志事〟に打ち込め、それにより社員と家族が幸せになるためにあるという結論にたどり着きました。経営者としてお客様に喜んでいただくのは当たり前。さらに社員に幸せになってもらうことが、私にとっての経営の醍醐味です」

重永さんの社員を大切にする経営観を示すものに、業績連動型賞与があります。生活の木では、決算後に経常利益を3等分し、企業存続のための内部留保、新しいことへの先行投資、そして年2回の通常賞与とは別に、業績連動賞与として社員に還元されます。

この他、社員の誕生日には手書きのメッセージカードとポケットマネーで用意するバース

ハーブ・アロマテラピーの聖地、東京・原宿表参道の本店。全国の110店それぞれが志事に打ち込む。

デープレゼントを贈り続けています。彼にとって、社員は志を同じくする家族なのです。

二人目のパートナー、それは生活の木が販売するハーブやアロマテラピーの原材料をつくる生産者です。

初代は写真館、二代目は陶器店と、代が替わるたびに業種を劇的に変えてきた同社が、ハーブと出会ったのは1970年代。以来、国内外の生産者と顔の見える公平な取引を積み上げ、厳選したハーブや精油、植物油など、世界中の自然の恵みを調達してきました。

「生活の木は、お客様に〝自然・健康・楽しさ〟を提案することを使命とし、植物の恵みを大切にしています。この恵みを生み出すために、地球と植物、動物、そして関わるすべての人々が安心して持続可能な生活を送れるようにしなければなりません。フェアトレードという言葉がありますが、取引とは本来フェアなはず。そこで、私たち生活の木はコミュニティートレードという呼称で、世界中で当該事業のコミュニティーを形成していく事業活動をしています」

その活動のひとつとして、同社ではアフリカのガーナ北部のサバンナにシアの木を植えています。その木から収穫されるシアの実を使い、現地のNGO生産グループがシアバターを生産し、それを生活の木がスキンケア商品として製造販売。商品に想いと文化を添えて価値を高めることで、環境保護と顔の見える支援を実現しつつ、関わる人たちすべてが幸せになる循環づくりに取り組んでいます。現在、パートナーファームと呼ぶ提携農園は31カ国、コミュニティートレード先は51カ国に及び、取引先は南極を除く全大陸にわたります。

三人目のパートナー、それはお客様です。

生活の木が、ハーブとアロマテラピーの普及に着手したおよそ40年前は、日本ではその存在すらほとんど知られていませんでした。そこから一つひとつ産地を探して、商品をつくり、直営店でお客様に価値を伝えてきたのです。

さらには、カルチャースクールを運営し、検定制度を設けることで日本にハーブとアロマテラピーを楽しむライフスタイルを普及させ、市場と顧客を創造してきました。経営学の碩学、ドラッカーは「企業の目的は顧客の創造にある」と説きましたが、同社の歴史はまさに顧客創造の歩みと言えるでしょう。

「お客様が求めていることの本質は、物ではなくお客様への心です。だから当社は、ハーブとアロマテラピーを手段として、ウェルネス、ウェルビーイングのある生活の提案を目的とします。心身の健康と合わせ、社会や地球によい環境を創造する事業に挑戦していきます。つまり、香草で幸創ですね」

さて、緊急事態宣言が解除されて店舗が再開したときのこと。

生活の木では、多くの店舗でお客様と店舗スタッフがあたたかい声を掛け合い、再開を喜び合う場面が見られたといいます。そこには、同じ人間同士、互いにハーブとアロマテラピーを通じて、ウェルネス、ウェルビーイングを求める者同士の絆があります。

重永さんの口ぐせ「醍醐味」とはこういうことなのかもしれません。


関わる人たちへの約束を誠実に実行して絆を育む。そこに商いの醍醐味がある。

儲からない頼みにも全力で向き合う姿をお客様は見ている

ウィー東城店（書店）

まちから書店が消えています。『2020年版出版指標年報』によると、2019年の書籍売上げは、最盛期の1996年と比較すると約38・5％減少の6723億円。書店数は1万1446店と、2002年に2万店を割り込んで以降、数を減らしています。

出版市場の縮小に加え、アマゾンをはじめとするインターネットショッピングの拡大など、地方の小さな書店をめぐる環境は悪化する一方です。そうした現象は書店に限ったことではなく、統計を見れば、多くの業種が総じて同じ傾向にあります。

だから、地方の中小店に希望はない――いえ、そんな悲観的な予測を覆す店があります。

JR福山駅から車で約1時間、広島と岡山の県境にある山間のまち、広島県庄原市東城町にある売場100坪ほどの書店には、平日の午前中から多くのお客様が訪れます。中学校を卒業したばかりの学生からお年寄り、写真のプリントをしにきた女性に、小さな女の子を連れた若い母親など客層は幅広く、休日にはさらに多くの来店客でにぎわいます。これが町内

お子さんに手品を披露する佐藤さん。店での楽しい思い出が小さなお客様の心に宿る瞬間だ。

唯一の書店「ウィー東城店」の日常風景です。

実店舗ビジネスにおける立地・流通（place）の重要性を否定しませんが、どんなに小さなまちにも暮らしがあり、幸せを願う人がいます。そうした日常に役立とうと努めるところに、商人の使命とお客様への約束（promise）があることを同店は教えてくれます。

同店が開業した1998年には1万2000人を数えた人口が、今や7300人ほどに減少し、高齢化率は47・2％と全国平均を約20ポイント上回ります。ある意味で、日本の将来を先取りする先進地域であり、4軒あった書店もウィー東城店のみとなりました。

書店とはいうものの、同店の品揃えは実に多様です。書籍・雑誌を核に、文具、雑貨、化粧品、加工食品、ミュージックCD、タバコが揃います。レジ近くにはカフェコーナーがあり、化粧品売場の先には店長の妻・佐藤恵さんの運営するエステルームと美容室を備え、敷地内にはコインランドリー、精米機、卵の自販機もあります。

そのありようは、まさに「まちのよろず屋」。そんな店で、お客様一人ひとりに目を配り、親しく言葉を交わしているのが、同店を運営する総商さとうの4代目、佐藤友則さんです。

「品揃えのヒントは、すべてお客様の中にありました」と、佐藤さんは言います。しかし、それを実践に移すのは難しく、「利益に結びつかないから」と理由をつけて、事業として取り組むことに、多くの書店は逡巡するものです。

「一つひとつは点であっても、続けていけば線になり面に広がっていきます。そして、お客様の声を継続して蓄積し、仕分けしていけば、ニーズの本質と次のヒントは必ず見えてきます。それは、地域のコミュニティとなることであり、本屋はその核になれる商売です。お客様が本当に望んでいらっしゃるのは〝本〟ではなく、〝本から広がる世界〟。それを原点に据えれば、書店は地域の再構築に大きな可能性を持っています」

多様性は品揃えだけではなく、サービス面でも見られます。地域のお年寄りのために、年賀状などの宛名書きや印刷の代行もすれば、お客様の困りごとにこたえるため、パソコンやラジカセの修理、家系図の作成といったことも行なっています。

今や同店は「町の御用聞き」としてまちに欠かせない店であり、佐藤さんは「地域のお

スタッフによる地元広島県出身の作家を応援する独自のフェアと品揃え。品揃えはまさに商人の哲学の反映だ。

いっこ」のように頼られる存在。もっとも、こうした絆は受け身で育めるものではありません。

1889年創業の総商さとうの2号店「ウィー東城店」は、老舗の看板と信用がある本店とは異なり、地盤のないまちで苦戦を強いられました。開業から3年後、佐藤さんは勤めていた名古屋のチェーン書店を退社、同店の店長兼専務として家業を手伝うことになります。

「地元の信用ゼロで売上げもどん底。主力スタッフが抜けたボロボロの状態からの出発でした」と振り返る佐藤さん。在庫のない本を求められたら他店に問い合わせたり、ネット書店で探したり、あらゆる手段を講じて要望に応えようと、店に泊まり込んで信頼回復に努めました。

「とにかく、頼まれたことは何でもしました。そんな折、あるとき高齢の男性から年賀状の宛名書きを頼まれたのです。それまでも、信頼醸成と来店動機のために無料でサービスしていたのですが、『ありがとう』と感謝されたとき、お客様のお困りごとに全力で応えれば商いになるし、その先にこそお客様との絆が育まれるだろうと確信しました」

宛名書き業務は、翌年以降も対応できるよう専用ソフトを活用。外注していた印刷も複合印刷機を導入して内製化していきました。

手がける事業は、いずれも地域の暮らしに必要なものであり、かつ利益率の高いもの。書籍の粗利益率は22％と、タバコに次いで低いものの、カフェは70％、印刷業は70％、美容室は80％、エステは90％。こうした複合策が奏功して業績は改善に向かい、利益率は上がり続けています。トーハン発行『書店経営の実態』２０１９年度版によると、健全企業であっても経常利益率が１・08％にとどまる書店業界にあって、ウィー東城店は異彩を放っています。

頼まれごとは多岐にわたり、「うちの子、学校に行けなくて……」という相談では、その子をアルバイトとして雇用。来るだけでもいいと考えていたところ、接客を覚えてみるみる元気を取り戻し、今ではプロの書店員として店に欠かせない存在になっています。

「当社で代々受け継がれてきた経営理念『盥（たらい）の水』は、二宮尊徳翁が弟子に説いた話です。盥の水はかき集めようとすると逃げていきますが、向こうに押し出せばいつか手前に戻ってくるという水の動きの原理です。当社も戻ってくる水は求めず、これからもただひたすら水を押し出すことに専念する会社でありたいと思っています」

こう語る佐藤さんは、かつて自著『これからの本屋さんを目指して』で、本を中心に置きつつ親和性の高い商材・業種がつながり合う未来予想図を示し、書店の可能性を論じています。そのひとつにパンがあり、文中には「5年後にはパン屋を併設」と記していました。

2020年4月、それが現実となりました。店名は「モンプティシェリ（mon petit chéri）」。フランス語で「かわいいかわいい私の息子」という意味です。出店者は、かつてウィー東城店で働いていたアルバイトスタッフ。パン屋になりたいという夢を、佐藤さんの店の隣で実現し、連日多くのお客様でにぎわっています。

盥の水は押せば戻ってくるし、想像してこそ明るい未来は創造できることを、佐藤さんは教えてくれます。未来は自ら切り開くものなのです。

点も打ち続ければ線になり、面となって広がっていく。

「変わり者」と言われても、未来につながる食にこだわる

渡辺商店（自然食品店）

「変わり者」と言われた商人がいます。熊本県菊池市で米づくりに取り組み、地元の自然栽培農産物やそれらを原料としたオリジナル商品を手掛ける渡辺義文さん、その人は言います。

「自分が変わっているのではなくて、世の中のほうがおかしい。これまで経済効率優先で日本が捨ててきたものを、あらためて拾っていくのが私の商いですし、お客様への約束です」

熊本市から北東へ25キロメートルほどの肥沃な熊本平野にある菊池市は、古くから米どころとして知られる土地柄。この地で、祖父の代から続く家業の酒販店「渡辺酒店」に、渡辺さんが入ったのは24歳のときでした。

福岡市内の酒販店で修業を終えて実家に戻った渡辺さんを待っていたのは、酒業界を揺さぶる変革の嵐。２００６年の酒販免許の完全自由化をとどめに、業界を超えての激しい価格競争が起こり、地方の小さな店も無縁ではいられませんでした。

「当時は、いかに薄利で売るかが仕事の中心でした。大手ほど仕入れ条件が恵まれない中

自然派きくち村では、「畑からはじまる商品づくり」をコンセプトに安心・安全な食品のみを取り扱う。

で、納品先からは価格を叩かれ、仕入先にも無理を言う。価格競争の先には誰かが苦しむ未来しかありません。そんな商売に希望を見出せずにいました」

そんな折、知人に誘われて環境問題の講演会に参加してみると、自分の知らない世界を目のあたりにしました。日本の食料自給率が極端に低いこと、それなのに、食料廃棄率は高まる一方であること、さらに世界では各地で深刻な食料不足で餓死者が続出している現実を渡辺さんは知ったのです。

また、生産の担い手である農家では、就業者の高齢化と後継者難で、作り手が減少しています。それは、菊池市でも例外ではありません。加えて、経済効率を重視した慣行栽培と過度な有機農法が作物と農地を痛めつけていたのです。

化学肥料に含まれている硝酸態窒素は発がん性ばかりか、作物を通じて人間の体内に入ると鉄分と結びついて酸素欠乏を起こすことが指摘されています。かといって、牛ふんなどの堆肥も安全とは言えず、家畜に投与している抗生物質やホルモン剤はふんが発酵しても消えず、やはり作物を通じて人間の体内に入ります。

「そうした事実を知ったとき思い浮かんだのは、幼いわが子たちでした。次世代に健全な社会をつないでいくのが、今を預かる世代の使命だし、商人とは、生産者と生活者をつなぐ役割を担っているのだと目覚めたのです」

そこで渡辺さんは、地元の生産者がつくる自然栽培米を販売したものの、ほとんど売れません。今日では、ひと月に300個以上が売れる12種類の無農薬雑穀を用いたブレンド米も、地元客からは「鳥の餌」と言われ、取引先からは「変わり者」と陰口を叩かれました。

自分の商品知識の足りなさを痛感した渡辺さんは、家族に反対されながらも、地元の自然栽培生産者に習って、2反3畝（2300㎡）で米づくりに挑戦。その米を九州米品評会に出品すると、最優秀賞を受賞しました。さらには地元の醸造所で焼酎や日本酒にすると、人気商品となったのです。これまで、価格でしか評価されなかった商いとは違う景色が見えた瞬間でした。

そんな渡辺商店を一躍全国区にした商品が「ごぼう茶」です。

売場には、大量生産・低価格に重点をおいた食品とは異なる、安心・安全の“本物”が揃う。

熊本名産の水田ごぼうを使った土産品開発を試行錯誤していた渡辺さんは、あるとき地元の長老から「アメリカ先住民はごぼうでお茶をつくる」と聞くと、すぐさま試作を繰り返して商品化に成功。地元の観光施設で取り扱われはじめた矢先、ある著名医師が「ごぼう茶を飲むと若返る」とメディアで提唱したとたん、俄然注目を浴びることになりました。

しかし、厳選した素材を使用するため、生産が追いつきません。追随企業が慣行栽培ごぼうを使った商品で売上げを伸ばすのを見ながらも、渡辺さんはさらに厳選した素材による製造の道を選びました。

「慣行栽培のごぼう茶づくりは、当店のやることではありません。儲かれば何でも売る〝売人〟ではなく、僕は作り手と食べ手・使い手を幸せにする役割を担う〝商人〟でありたい。そこをぶらしてはならないのです」

そう語る渡辺さんの脳裏には、「家業を継いだばかりの頃に巻き込まれた〝価格ありきの商売〟に対する嫌悪感がある」と言います。それゆえ、渡辺商店では現在、およそ100軒の生産者と取引がありますが、そのほぼすべてを生産者からの言い値で買い取っています。

一般的に、農産物は市場でせりにかけられ、価格は買い手が決めるものです。どれほど丹精込めた作物でも同じであり、市場を通すかぎり、農家は言い値を呑まざるを得ません。

「それが日本の農業を疲弊させ、後継ぎの農業離れを加速させています。本来、生産者が売りたいという商品を見極めて磨き、その価値を伝え、つなげることが商人の使命です。そのために商人は知識・情報を身につけ、それを商品として形にしなければなりません」

現在、渡辺商店には600品目を超えるオリジナル商品があり、店舗向かいにある生産拠点「本物のアレ研究所」では、本物をめざして新しい商品開発が続けられています。そうした商品は、インターネットショップ「自然派きくち村」を通じて、全国2万人超のファン客に支持され、客単価は1万円ほどにもなっています。

渡辺商店の味を確認できる方法があります。渡辺さんの母、靖予さんの実家を改装して開業した古民家レストラン「郷乃恵（さとのめぐみ）」で供される料理の材料と調味料は、すべて渡辺商店の扱い商品。靖予さんによる郷土食が人気を呼んでいます。

郷の恵でおいしく昼食をいただいた後、渡辺さんに連れられて休耕田跡にある牧場を訪れました。そこでは、数頭のジャージー牛の仔牛がのんびりと草を食んでいました。すべて雄牛だと渡辺さんは言います。

乳牛であるジャージー牛は本来、雄が生まれるとすぐに殺処分されるもの。しかし、それは人間の都合にすぎません。それを見かねた一人の生産者、宮川ファームの宮川素子さんは生まれたばかりの雄だけを買い取り、肉牛として育てています。

「命あるものを大切に扱い、いただく。これも当たり前の行ないです」と言う渡辺さん。これもまた、渡辺商店の扱い商品のひとつです。

「あなたがこの世で見たいと思う変化に、あなた自身がなりなさい」とは、インド独立の父、ガンジーが遺した言葉として知られています。正しい食を未来へつなぐ商人、渡辺さんを表現するなら、これが最もふさわしいでしょう。

お客様のためとは、お客様の好むのではなく、お客様のためになるものを売ること。

日本一の魚屋は量の拡大よりも質の充実を追求する

角上魚類（鮮魚店）

商業史を振り返ると、売上追求、規模拡大をめざすあまりに、「顧客の満足」という合理性よりも「自社の都合」という効率性を優先し、お客様からの支持を失って衰退していった企業が少なくありません。

また、総合化の名のもとに専門性を二の次にして、お客様に専門家ならではの価値の提供を怠った企業もあります。その結果、巷には「いろいろあるようだけれど、欲しいものが見つからない店」があふれました。

たとえば、スーパーマーケットの鮮魚売場もそのひとつ。鮮度劣化が早くて廃棄ロスが出やすく、仕入れコストが高くて利益率が低いことから「お荷物部門」と言われてきました。

一方で、知識や技術が必要な仕事ゆえに、人材育成は一朝一夕にはできません。その結果、どの店もありきたりで貧弱な品揃えとなり、つまらない売場となっています。

忘れてはなりません。高い専門性・独自性を持つ企業・店だけが、どのような経営環境にあっても、自らの力で市場を創造することができます。専門性・独自性を高め続けることこ

売場に掲げられた「四つのよいか」は、同店のお客様への約束であり、従業員の行動基準だ。

そ、商人が何よりも優先するべきお客様への約束(promise)なのです。

早朝4時、新潟市の中央卸売市場は、すでに仕入れ人たちの熱気に満ちていました。水産棟の至るところには、水揚げされたばかりの新鮮な魚介類が並べられています。発泡スチロール箱のふたを開けながら眼光鋭く中身を確かめているのは、鮮魚専門店チェーン「角上(かくじょう)魚類」の柳下(やぎした)浩三社長です。

日本人の魚介類の消費量は、年を追って減少しています。農林水産省の「食料需給表」によれば、食用魚介類の一人一年あたりの消費量は2001年の40・2kgをピークに減少。2011年に食用肉類に逆転されて以降、その差を広げられています。

こうした「魚離れ」の逆風をものともせず、衰退業種と言われる鮮魚店でありながら、角上魚類の業績には目を見張ります。売上高は353億1900万円（2020年3月期／前期比3・4％増）、経常利益は25億600万円（同13・7％増）、経常利益率は7・1％（同0・6ポイント増）。

業績のよさは、最近だけのことではありません。10期前の2011年3月期と比べると売上高は71・8％増、経常利益はなんと257・3％増という成長ぶりです。

「さぞかし、店数を増やしたのでは」と訳知り顔で言う人がいるかもしれませんが、同社はここ10年ほど22店舗を店数の上限としています。つまり、一店舗あたりの収益を伸ばし続けているのです。

「利は元にあり」と古来言われるように、仕入れは商人の腕の見せどころであり、収益の要です。だから、角上魚類では社長自らも市場での仕入れにあたります。魚介類の質、競合バイヤーたちの顔ぶれ、そして何より売価をにらみつつ、狙った良品を競り落としていきます。新潟と東京・豊洲市場のバイヤーがお互いに連絡を取り合い、新鮮な魚介類をお値打ちな価格で入手する体制をとっているのです。

競りが終われば、すぐさま新潟と豊洲から直接、関越自動車道を走って各店に送り届けます。それが鮮度抜群の魚介類を破格の安さで売ることができる同社のしくみのひとつです。

店舗奥にありながらも、丸物を対面販売する売場は多くのお客様でにぎわっている。

柳下さんのお客様への約束とは、「日本一の魚屋」であることです。

「日本一とは、売上げや店舗数のことではありません。質での日本一です。途中に何軒店があっても、お客様がそこを通り越してわざわざ来てくださる。各店が、そんな地域で断トツの魚屋になるということです。私が今でも魚を直接仕入れ、店を見て回っているのはそのためです。店は現在22店舗ですが、質を下げてまで店数を増やすつもりはありません」と柳下さんはものしずかに語ります。

「日本一の魚屋」というお客様への約束を果たすために、同社には四つの目標があります。「鮮度はよいか、値段はよいか、配列はよいか、態度はよいか」からなる「四つのよいか」という店舗運営のルールです。

配列とは、品揃えと売場陳列を言います。態度とは、「社心」と呼ぶ同社の経営理念「買う心　同じ心で　売る心」に表現されるように、お客様に気持ちよく応対し、親切に接すること。「自分がお客様だったら、こうしてもらったらうれしい、こうしてもらったらありがたい」ということを実践するのです。

0・05％――角上魚類の廃棄ロス率です。全国スーパーマーケット協会の統計によると、水産部門のそれが8・1％ですから、この数字の価値の高さがわかります。

スーパーマーケットの多くが、冷凍・塩干のセルフ販売に手を染めていったのとは逆に、同社では獲れたての丸魚を対面接客で販売するのが特徴です。珍しい魚種であれば、調理方法を丁寧に説明し、さばくのに難しい魚は三枚におろしたり、切り身にしたりするという下加工のサービスを展開。旬の魚が、本来持つおいしさを言葉と手をかけて販売することで、魚のおいしさに目覚めたリピート客を育てています。

これらの売れ行きをチェックしながら、焼き物、揚げ物、煮物などの惣菜への加工に回していき、営業時間中にすっかり売り切ります。もちろん刺身、寿司の充実ぶりも他店の比ではありません。店長をはじめとするスタッフの知識と技術力のたまものです。

「廃棄ロスを少なくすれば、初めから値入れを高くする必要がなく、よい品をお値打ちで提供できます。刺身、寿司、惣菜と加工度が上がれば利益も取れるから、その分、他の高級魚を安くできます。儲けるのではなく、お客様に還元するのが当社の方針です。何より、『販売する魚があってこそ、我々は商売ができる。廃棄は社会への背信行為だ』と社長から叩き込まれています」と、同社一番店の小平店の店長は言います。

これまで、多くのスーパーマーケットでは、多店舗展開の必要条件となる標準化を理由に仕入れを規格化し、セルフ販売によってお客様と接する機会を自ら減らしてきました。その結果、お客様が珍しくておいしい魚に出会ったり、新しい食べ方を学ぶ機会を奪ってきました。それはお客様の豊かな未来を奪う行為にほかなりません。

魚の知識や食べ方を、聞きながら買えるという昔ながらの魚屋を、実は生活者も望んでいるのです。

角上魚類の繁盛は、その事実をみごとに証明しています。

お客様に喜んでもらうことを目的とすれば、お客様が儲けさせてくれる。

promise（約束・絆）を果たし、強くするための三つの質問

〈「さようなら」とキツネが言いました。「さっきの秘密をいおうかね。なに、なんでもないことだよ。心で見なくちゃ、ものごとはよく見えないってことさ。かんじんなことは目には見えないってことさ」

「かんじんなことは目には見えない」と、王子さまは、忘れないようにくりかえしました。〉

仲良しになった王子さまとキツネが別れるとき、キツネが贈った「秘密の贈り物」です（『星の王子さま』より）。

商いにとって大切なものであるお客様との絆も、同じように目には見えません。売上げや客数、客単価を調べてみても、それらはお客様との関係のひとつの側面にしかすぎません。

目に見えなくても、絆はたしかに存在します。折々にあなたを思い出し、信頼を寄せてくれるお客様の存在は、あなたが商売を続ける上で欠かせない応援者です。

「ああ、商売をやってきてよかった」と思える出来事がこれまでにありませんでしたか？

そんなふうに思わせてくれたお客様が、あなたの店にも必ずいるはずです。

目に見えない絆ですが、それを育む方法はあります。それは、お客様に対する約束を明らかにして、それを果たそうと取り組みを続けること。promise（約束）という言葉は、「明るい未来を送る」という意味だと前述しました。たとえ、取り組みが道半ばであっても、その進捗ぶりをお客様は応援してくれるでしょう。

そんな約束の種を、あなたの商いから見つけ出すための三つの質問を用意しました。

質問① 一番大切な人の幸せのために何をしますか？

「あなたの店があるから私の人生は楽しい」と言ってくださる人を、あなたは何人思い出せるでしょうか？　一人でもかまいません。それがあなたの商いにとって大切な人です。その人を、徹底的に大切にしましょう。なぜなら、大切にすべきお客様を決めなければ、お客様から選ばれ、大切にされる店とはなれないからです。

商売をする以上、商品・サービスの対価にお金をいただくことは当たり前です。しかし、お客様からいただく「ありがとう」という言葉には、お金以上の価値が含まれています。なぜなら、あなたが提供した商品・サービスに対価以上の価値を認めたとき、はじめてお客様はその言葉をくださるからです。そこには、必ずお客様の幸福感が宿っています。繁盛が本物かどうかは、お客様が「ありがとう」と言ってくださるか否かで判別できるのです。

どんなことをしたら、お客様に「ありがとう」と言ってもらえるでしょうか？　そのために、あなたはお客様にどんな約束をしますか？　これがひとつめの質問です。

質問②　お客様と心通わせるために、どのような「場」を育てていますか？

私たちは、しばしば大切なことを忘れ、大切ではないことにかまけてしまうものです。お客様と店との関係にも、同じことが言えます。大雨で増水した川の濁流のように襲いかかる情報に身をさらしていると、お客様はあなたの店、あなたのことを忘れてしまいがちです。川に刺さる細く短い杭のように、私たちははかない存在にすぎないからです。

常にお客様の記憶のファーストクラスにとどまるためには、お客様との接点を保ち、交流できる「場」を持たなければなりません。本書で繰り返してきたように、あなたが生涯をかけて大切にしたいと思える哲学・理念（philosophy）を、物語性豊かな商品（story-rich product）として売場に並べ、そこにあなたの個性・人柄（personality）を添えて提供することで、お客様との約束・絆（promise）は太くなるのです。

そんな「場」のひとつには、もちろん店があります。店とは、あなたのお客様への愛情と親切をいっぱいに満たす場です。清潔でありましょう。誠実でありましょう。商売をする上で最も難しいのは、店の中のどこにも嘘が混じらないようにすることです。

もうひとつの「場」は、店から離れたところに設けましょう。そこでは売り買い抜きに、あなたとお客様が人間同士として、心を通わせる場です。大切な友人を自宅に招くとき、あなたは精いっぱいのおもてなしをするはずです。そんな場を持ち、友人との心の距離を縮めていくように、お客様との関係を育みましょう。

質問③ 今日だけではなく、未来のために何ができますか?

promiseという言葉が表現しているように、商いとは現在の〝不〟を解決し、今日の満足を実現するばかりではなく、明日に希望を感じさせ、未来を明るく照らすものです。人口減少、経済の成熟化、持続可能な発展への不安など、漠然とした将来への不安が私たちを覆っているからこそ、私たちは、大切なお客様の未来のために何をするかを約束するのです。

「うちが何かしたくらいじゃ、何も変わらない」

これは、行動しない人が必ず口にする言葉です。その人は、お客様がいろいろなところで聞かされるこの言葉に飽き飽きしていることを知りません。

商売の本当の醍醐味は、商品・サービスを売るところにはありません。あなたを信頼して、あなたが照らしてくれる未来を期待して、その商品・サービスを買い続けてくれるお客様を育てるところにあります。あなたは未来のために何をしますか?

何のために商うかをはっきりとつかめたなら、その道行きは穏やかなものになるでしょう。たとえ、難所が待ち受けていても、お客様という応援者が共に伴走してくれるからです。「何のために商うか」とは、どんな未来を実現したいかということにほかなりません。

最後に、これら三つの質問への答えを次の二つにまとめてみましょう。決意と行動から成る自分への約束です。

私は（　　　　　　　　　　）を大切にして生きていきます。

そのために私は今日から（　　　　　　　　　）を続けます。

これで、「新しい4P」を極めるためのロードマップが整い、「売れる人がやっているたった四つの繁盛の法則」が揃いました。それぞれ決意と行動から成り立っています。

次は、それらを実行していく上での原則を紹介しましょう。航海にたとえるなら、常に一定の方角を指す北極星のようなものです。これさえ押さえておけば、どんな小さな舟で漕ぎだしても大海原で迷うことはありません。

それを「愛される商人の10の心得」と名づけましょう。

EPILOGUE

愛される商人の10の心得

商売十訓――
商人の強さは愛と真実に宿る

道具というものは、その使い方次第で、毒にも薬にもなります。たとえば、刀鍛冶の名工がつくった包丁は、おいしい料理をつくることもできれば、人を殺めることもできます。よく切れる刀を何のためにつくり、何のために使うかがすべての前提です。

マーケティング手法も同じです。それが効果的であればあるほど、何のために活用するかを間違えてはなりません。間違った目的に使えば、それだけ早く確実に間違った結果を生み出します。資本力や企業規模に表現される「力」が強ければ強いほど、正しさから外れたときの悪影響は甚大です。

正しい原則に則った目的こそ、道具を生かすために最も重要です。正しさを起点にしていれば、あなたが小さな存在であっても、関わる人の多くを幸せにできます。ある商人はそのあり方を「真商道」と言い、ある商人は「商人哲学」と言います。

そうしたものの実践の結果として、自らも幸せになれるのです。

EPILOGUE

愛される商人の10の心得

ここでは、正しい原則を学びましょう。

日本商業史にその名を残す経営指導者、倉本長治の思想を10の短文に集約したものがあります。多くの信奉者たちによって実践され、関わる人たちに幸せをもたらし、自らも幸せな商人になるための10の心得です。

実践者はそれを「商売十訓」と呼びます。

一、損得より先きに善悪を考えよう
二、創意を尊びつつ良い事は真似ろ
三、お客に有利な商いを毎日続けよ
四、愛と真実で適正利潤を確保せよ
五、欠損は社会の為にも不善と悟れ
六、お互いに知恵と力を合せて働け
七、店の発展を社会の幸福と信ぜよ
八、公正で公平な社会的活動を行え
九、文化のために経営を合理化せよ
十、正しく生きる商人に誇りを持て

1行あたりわずか14字の10行、その1行ごとに商いの原則が凝縮されています。真意を会得するには、試行錯誤を重ねた実践が欠かせません。そのときどきの状況、心境によって理解が進むこともあれば、真意から遠のくこともあるでしょう。

しかし、その繰り返しの先にしか正しい理解はありません。真理に至る道には、近道も抜け道も、裏道もないのです。

試行錯誤を前向きに楽しみましょう。2500年ほど昔の古代中国の思想家、孔子は「これを知る者はこれを好む者に如かず。これを好む者はこれを楽しむ者に如かず」と言いました。ものごとを理解している者はそれを好んでいる人には及ばないし、ものごとを好んでいる人はそれを楽しんでいる者には及ばないという意味です。

そこで、原則を正しく理解し、楽しみながら極めていくためのガイドとして「商売十訓」のエッセンスを図表⑥のようにまとめました。あるべき原則（右側）と、陥りがちなあやまち（左側）を対比させてあります。10項目それぞれに、自分がどちらの考えに依って立っているかを自問自答してみましょう。

商いにおいては、お客様のわずかな行動や表情の変化を見てとる〝虫の眼〟と併せて、自らの行動を高い位置から客観的に見極める〝鳥の眼〟の二つが欠かせません。ここでは〝鳥の眼〟を用いて、自身を冷徹に判断してください。正しい現状認識こそ改善・改革の第一歩

図表⑥　商いと経営の価値軸

利（損得）	経営指針	義（善悪）
他店の表層的模倣	学習観	独自性の追求
売り手の都合	立脚点	買い手の満足
競合他店・業界動向	注目対象	顧客
価格訴求	利益創出	価値創造
コスト／作業員	従業員観	価値創造の担い手／家族
奪い合い	市場観	需要創出
術／テクニック	社会貢献	道／生き方
効率	経営観	合理
私利私欲	行動軸	忘己利他

です。

左側の考えは、私たちが安易に陥りやすいダークサイドであり、多くの商人がこちら側に甘んじています。短絡的であり、思慮に欠けた営みです。市場が拡大し続けていた時代なら通用したかもしれませんが、もはや存続を許されません。

一方、右側を極めるには覚悟と辛抱が必要です。知恵も欠かせません。しかし、ここまで紹介してきたように、この道を歩む商人たちの表情は明るく、足取りは力強いのです。なぜなら、この道の先にはお客様からの共感と支持、従業員や取引先、地域社会との連帯があると知っているからです。

あなたも、「新しい4P」を正しく実践する前提として、幸せな商人になるための10の心得「商売十訓」を常に携えて商いに向き合いましょう。これらの教えがあなたを裏切ることは決してありません。

経営指針

損得より先きに善悪を考えよう

私たちは、食べなければ生きられない存在です。それは商売も同じです。商売はどうしても、損得を尺度とする儲けから離れることができません。それは、私たちが生きるために食べることから逃れられないのと同じです。

しかし、食べること自体が生きる目的ではないはずです。生きる目的の実現のために、私たちは食べるのです。商売も同じです。儲けてこそ続けられますが、儲けること自体が目的ではありません。

では、商売の目的とは何でしょうか？　それは、人の幸せをつくることにあります。その一点のためにのみ、商人は儲ける義務を負い、利益を必要とします。そして、その目的が叶った姿を「繁盛」と呼んでいるだけなのです。

中国古典の中でも、特に儒教で重視される「四書五経」のひとつ「孟子」に、「先義後利」という言葉があるのはご存じでしょうか？　自分の利益（損得）よりも、人としての当然あるべき道、つまり道義（善悪）を優先することの大切さを説いています。

EPILOGUE

愛される商人の10の心得

商人にとっての道義とは、お客様をはじめとする関わる人たちを笑顔にすることです。経営の目的もここにあり、利益とは、本来その達成の度合を測る尺度にすぎません。

たとえば、お客様にとって利益にならない商品を売ることを考えてみましょう。それが売れればたしかに商人の利益となります。しかし、そうした店からは、いずれお客様はいなくなります。

だから、お客様のためには、あえて売らないことだってあるはずです。そこに商人の「善」があります。

お客様の利益を最優先する店は信頼され、店はお客様からの「ありがとう」という感謝の声であふれるでしょう。自分の損得よりも、お客様にとっての損得をいつも先に考えること、それが商人の「善」なのです。あなたには、お客様から「ありがとう」と喜ばれる商売がもっとできるはずです。

残念ながら、世の中の「善」とされることの大半は、金儲けと縁が遠いのも事実です。しかし、正しい商いだけは両者が一致します。

さあ、一人のお客様のために心からの誠実を尽くし、目の前の一人のお客様のために損得よりも善悪を優先させましょう。それは必ず、自他の「善」に通じ、関わる人すべての幸せにつながることでしょう。

学習観

創意を尊びつつ良い事は真似ろ

「学ぶ」の語源が「真似る」と同じであり、「真似ぶ」とも言われていたことをご存じの読者も少なくないでしょう。つまり、真似ることは学ぶ上での基本です。良い事を真似ることから、学びは始まります。

では、「良い事」とは何を意味するのでしょうか？　誰にとって良い事なのでしょうか？　儲かることでしょうか？　簡単なことでしょうか？　考えなくてすむことでしょうか？

これらの良い事はすべて、「自分にとって」という前提に立っています。真似るべき価値ある本当に良い事とは、そんなものではありません。ただひとつ、お客様にとって良い事のみです。その確信が持てるならば、勇敢に真似ましょう。

ただし、真似る上での心構えも大切です。目に見える事柄の物真似だけでは、良い事の本質を自分のものとすることはできないでしょう。

良い事の中にある目に見えない心も理解し、同じように真似しなければなりません。そのとき、他店・他者の表層的な模倣を超えて、独自性創造への一歩を踏み出せます。

形だけを真似て、そこで学びを止めてしまうから、状況が変わったとたんにうまくいかなくなるのです。形から入って心までを理解したとき、真似は学びにまで昇華します。

真似することに加えて、創意工夫にも取り組みましょう。創意というのは自分で考え、工夫とは自分でいろいろやってみて、独自性を生み出そうとする営みを言います。

創意工夫するには、資本力も企業規模も必要はありません。イノベーションは辺境から興ると言われます。辺境とは素人であり、小さな存在のことです。他人の真似ごとを超えて、自分の頭で考えた工夫を大切にしましょう。

このとき、創意工夫と真似は対立するものではなく、互いに補完する役割を担っています。真似の中から創意は生まれるし、創意があるから真似もできるのです。

武道や茶道、芸能の学びの段階を表わす言葉に「守破離」があります。「守」は、師や流派の教えや基本の型を確実に身につける段階。「破」は、他の師や流派の教えについても考え、よいものを取り入れる段階。最後の「離」は、ひとつの流派から離れ、独自の新しいものを生み出して確立させる段階を言います。真似とは「守」であり、創意工夫とは「破」。あなただけの独自性である「離」は、「守」「破」の積み重ねの末に得られるのです。

だから、はじめは良い事の物真似でもいいのです。実践なくして実現することは何もありません。今を大切にしましょう。人生は「今」の連続です。

立脚点

お客に有利な商いを毎日続けよ

「店は客のためにある」という思想は商業の基本精神であり、根本的な使命を示しています。だから現在、多くの企業が同じような理念を掲げています。

「お客様に価値ある買い物の機会を提供し、より豊かな生活の実現に寄与する」とは、世界最大の企業であり、世界最高の売上高を誇るウォルマートの経営理念。スローガンは「Save Money. Live Better（お金を使わずよい生活）」。これがウォルマートの「店は客のためにある」の具体策です。

「地球上で最もお客様を大切にする企業」とは、米国最大手のオンラインショッピングサイトを運営する多国籍テクノロジー企業、アマゾン・ドット・コムの経営理念。その具体策のひとつが、地球上で最も豊富な品揃えの追求です。数億種類と言われる品揃えは、日々増え続けています。

「顧客最優先主義」とは、ドン・キホーテを運営するパン・パシフィック・インターナショナルホールディングスの企業原理。「お客様が『ワクワク・ドキドキ』する便利さ、安さ、楽しさを実感できること」を店舗ビジョンとし、便利さ（convenience）、安さ（discount）、楽しさ（amusement）という「CV＋D＋A」を追求しています。

このように、それぞれの企業が顧客第一主義を掲げ、その実践に努めています。一方、口先ばかりで、実質が伴わないお題目を唱えるだけに終始している店や企業も少なくありません。あなたはどちらでしょうか？

ただし、商品を安く仕入れて安く売るだけが、便利さを追求するだけが、豊富に品揃えするだけが、お客様にとって有利な商いではありません。ややもすると、それらは売り手の都合を優先させているだけかもしれません。

たとえば、特売セールで値引き販売することは、お客様に有利な商いを毎日続けることとはかけ離れた営みです。売り手都合による一時的な安さにすぎず、定価で購入したお客様の利益を損なうものです。そこに、買い手の満足はありません。そんな不誠実な商いを、私たちはこれまで無自覚に行なってきました。

お客様に有利な商いを毎日続けるために不可欠なのが、「本日開店」の志です。創業の心構えと努力を保てば、店や企業というものは必ず利益が上がるものです。

商いの道に終わりはありません。だからこそ、思いを日々新たにしてお客様に有利な商いを毎日続けていきましょう。

注目対象
愛と真実で適正利潤を確保せよ

「先生、たった一語で、一生それを守っていれば間違いのない人生が送れる言葉はありますか?」と聞かれると、彼はこう答えたそうです。

「それは、恕かな。自分がされたくないことを人にしてはいけないよ」

彼とは、古代中国の思想家、孔子。彼の死後、弟子たちによってまとめられた『論語』に残るやりとりです。

恕とは、他人の立場や心情を察する気持ちのことで、おもいやりや愛と表現できるもの。商売にとっても最も大切なもののひとつです。倉本長治は「客の心を心とせよ」という言葉で、お客様に心を寄せ、お客様の立場になりきることの重要性を説いています。

もうひとつの大切なものが真実です。真実とは、うそや隠しごとをしないこと。商売の中からそうした不純物を取り除いたとき、その商売がたとえ小さくても、ダイヤモンドのような堅牢さと輝きを持ち得ます。

愛と真実には、もう一人兄弟がいます。それは適正利潤。本当の商売、つまり関わる人たちを幸せにして、自らも幸せとなる商売は、愛と真実、結果として得られる適正利潤の三位一体で成り立ちます。愛と真実と利益を一致させれば、たとえ店は小さくとも決して滅びることありません。

こうした正しい商いの道を進む上で欠かせないのが、正しい注目すべき対象です。

ベルギーの劇作家、メーテルリンクの童話『青い鳥』は、主人公の兄妹が幸せの象徴である青い鳥を求めてさまざまな場所を訪ね歩き、幸せの青い鳥が身近にいることに最後にようやく気づかされるという寓話です。私たちは、身近にある大切にものに気づきません。

多くの商人も同じようなあやまちをしています。てっとり早く儲ける方法はないかと、儲かっている他店にばかり目を奪われたり、業界の常識や動向を気にしたりしてはいないでしょうか？　しかし、それによって末永く繁盛できたという例を私は知りません。

私たちにとって最も身近で大切な存在とは、お客様です。繁盛という青い鳥は、競合他店や業界常識でなく、あなたの店を訪れるお客様一人ひとりの心の中にこそ棲んでいるのです。だから、お客様から目を離さないでください。その声に聞き耳を立ててください。

業界や他店の事例の中に成功例があったとしても、それは過去のものです。一方、お客様は未来そのものです。ライバルを気にするよりお客様に全力を注ぎましょう。そこに愛と真実と適正利潤はあります。

利益創出

欠損は社会の為にも不善と悟れ

この一文への理解は、欠損の対極にある「利益」について考えると、より深まるでしょう。利益とは、自分のためのものではありません。お客様のために商売をよりよくする原資として、お客様から託されたものなのです。

利益とは、お客様から信頼された証拠であり、店や企業がどれだけ社会のために役立ったかを測るものさしにほかなりません。利益の確保こそ、商人の責任なのです。利益を元手に人々の生活を豊かにしたり、文化を育てたりするのが店や企業の役割です。

そのためには、どの店や企業も存続するかぎりは利益を上げなければなりません。儲からなければ、託された役割を果たすことはできません。だから、欠損、赤字の店や企業は不善とされるのです。

赤字を出してしまえば、新しい商品を増やしたり、もっと買いやすい店舗に改装したり、お客様に価値ある情報を提供できにくくなります。そうなると、あなただけの損にとどまらず、社会全体の損失になるのです。

EPILOGUE

愛される商人の10の心得

商人の誠実さは繁盛で証明され、商人の知恵の深さは利益で測れます。よい商人は、自分の利益だけを見ないで、お客様や従業員の利益をまず考えるものです。欠損を自分だけの問題に矮小化する商人は、利益も自分だけで独り占めするでしょう。

ここで大切なのが、どのように利益を生み出すかという視点です。

多くの店や企業は、売れなくなると安易に値引きして、価格訴求に走ります。「それまでの価格はいったい何だったのか?」と、商人の品格を疑うような価格設定を、私たちはしばしば見かけます。

それでいて、安易な安売りの挙げ句、多くの店や企業が低すぎる利益率に甘んじ、わずかな環境変化で水面下に沈没してしまいます。あまりにも損益分岐点が高すぎるのです。

また、そうした価格訴求は競合店から売上げを奪うだけの行為です。値引きに終わりはなく、誰が先に音を上げるかを競うチキンレースのようなものです。

本当の利益とは、新たな価値を創造するところから得られます。これまでお客様を悩ませてきた不満、不便、不都合、不快といった〝不〟を解決したとき、お客様から「ありがとう」と言われ、そのごほうびとして与えられるものなのです。

誰かを苦しめ自らも苦しむ価格訴求ではなく、誰かを喜ばせ、自らも潤う価値創造——商人のやりがいと喜びはそこにあります。

従業員観

お互いに知恵と力を合せて働け

商人にとって最上の幸福は、よい従業員に恵まれることです。ところが、多くの商人が「従業員の質が下がった」と嘆いています。

私はこれまで、数多くの店や企業を取材してきましたが、よい店には必ずよい従業員が集います。よい従業員はよい店主のもとに育まれ、よい店主は正しいphilosophy（哲学・理念）のもとに生まれます。

逆もまた然りです。「従業員の質が下がった」と嘆く店主ほど、自分自身が成長していない事実に気づいていていません。

まず自身がよい店主となりましょう。「よい店主」とは、従業員を巧みにほめたり叱ったりする人のことではありません。従業員と共に喜び、共に泣ける人のことです。

従業員と共に喜び、共に泣き、一代で世界最大の小売企業をつくり上げた商人がいます。20世紀を代表する商人の一人、ウォルマート創業者のサム・ウォルトンです。

サムは、自らが試行錯誤の末にたどり着いたビジネスの成功法則を、後進に伝えようと10

EPILOGUE
愛される商人の10の心得

篇の短文にまとめています。後進たちは、それを「サムの十カ条」と読んでいます。

①自分の仕事に熱中しよう
②利益を従業員と分かち合って、パートナーとして扱おう
③同僚を活気づけよう
④できるかぎり、すべてをパートナーたちに話そう
⑤従業員が仕事のためにしたことはすべて高く評価しよう
⑥成功をたたえ、失敗の中にユーモアを見いだそう
⑦すべての従業員に耳を傾け、彼らに話させる方法を工夫しよう
⑧顧客の期待を超えよう
⑨競合相手よりも経費をコントロールしよう
⑩逆流に向かって進もう

以上、太字で示したように、何と十カ条のうちの実に半数が、従業員・同僚に関する教えです。サムは、お互いに知恵と力を合わせて働く天才でした。

従業員とは、損益計算書に計上される経費科目ではなく、価値の創造者です。従業員とは作業をこなすワーカーではなく、同じ目的に向かうファミリーの一員です。そして従業員とは、店や企業を裏側まで知り尽くしている最も大切なお客様であることを忘れてはなりません。

市場観

店の発展を社会の幸福と信ぜよ

戦略（ストラテジー）、戦術（タクティクス）、標的（ターゲット）、軍事行動（キャンペーン）、兵站（ロジスティクス）……こうした戦争用語を、日々の商売で当たり前に使ってはいないでしょうか？　消費者を囲い込んで攻略し、「市場」という領土の拡大を勝利とする発想から卒業しましょう。

たしかに、人口増加、経済成長期の社会にあっては通用した発想かもしれません。そのときかぎりの売上げ欲しさにお客様の気持ちを害しても、次なる標的はたくさん存在したからです。〝殺戮〟を繰り返しても、新規顧客の捕獲は容易だったのです。

しかし、二つの理由で、もはやそれは成り立ちません。

ひとつには、人口減少と経済の成熟化です。お客様を物を費やして消す「消費者」として一緒くたに扱うマス・マーケティングでは、一人ひとりがそれぞれに物を活かして生きる「生活者」の心を満足させることはできません。

目に見える市場を略奪するのではなく、目に見えづらい一人ひとりの需要を創出しましょう。一人ひとりの笑顔の総和こそ、社会の幸福なのです。

また、小売業がいつからか「流通業」と言われるようになり、そちらのほうが高尚だと勘違いされるようになったとき、日本の商業は道を誤ったように思います。大量に流して通すことを是とする「流通」よりも、一人ひとりに手渡すように小さく売る「小売」こそ、商いの本筋であることを忘れてはなりません。

もうひとつの理由は、全市民の総メディア化です。これまで、お客様は買い物で気持ちを傷つけられても、多くは黙ってその店や企業との付き合いをやめるだけでした。面と向かってクレームをおっしゃってくださるのは、本当にありがたい〝有り難い〟ことです。なぜなら、そこには改善や問題解決のヒントがあるからです。

しかし今日、お客様は沈黙せず、ＳＮＳなどを通じて不満や不快を容赦なくまき散らします。そうした悪評は、ただでさえ少なくなっている未来顧客との出会いを妨げるでしょう。情報技術の発展が情報の受発信を容易にした結果です。

店や企業の役割を、もう一度考え直してみましょう。商いは人の心に喜びを生み、社会に幸福を増やし、暮らしを物心両面で豊かにする営みです。お客様の幸福な生活を守るのが商人の務めだと、日々の仕事に誇りを持ちましょう。

そのとき、店や企業の発展と社会の幸福は一致を見るのです。奪い合うのではなく、需要を創出するのが商人の務めなのです。

社会貢献

公正で公平な社会的活動を行え

「商売の目的は、お客様に喜んでいただくこと。それなのに、商人の多くが『いかに人をだまして儲けるか』に躍起になっている。儲けることばかり考えている商人は、〝術〟の世界に陥っているのです」

公正で公平や社会活動について考えるとき、いつも思い出すのが、取材で出会ったある経営者が教えてくれた「術」と「道」の違いです。「術」とは人をたぶらかすものであり、「道」とは己を磨くものであると彼は言いました。

「術は道にならないと後世に残りません。だから剣術は剣道に、柔術は柔道になって今日まで継承されていますが、術にとどまった忍術は滅びました。多くの商人は道を学ばずに、術ばかり研究している。商いも〝商道〟にならないかぎり残っていけないでしょう」

術とはテクニックやノウハウであり、道とはあり方や生き方のことです。前者を無駄だとは言いませんが、後者という根本があってこそ意味を持ちます。道という根と幹がしっかりしていてこそ、術という枝や葉は勢いを増し、その先に儲けという花と実をつけられるのです。

では、社会活動とは何でしょうか？　それは、あなたが営む事業そのものです。その点に違和感をおぼえるとしたら、商売を儲けの方便だと思っているからかもしれません。

商人の価値は、どれだけ儲けたかではなく、商売を通じてどれほど関わる人たちを幸せにしたかによって定まります。本業による社会貢献こそが、商人の務めなのです。

次に、「公正」と「公平」について考えてみましょう。公平とは「判断や言動などがかたよっていないこと」を言います。公正とは、公平さが正しいことを指しています。つまり、商売は公正で公平でなければならないし、ひいては公正で公平でなければ、それを商売とは呼ばないのです。

新約聖書の「マタイによる福音書」第7章第12節に、次のような教えがあります。「黄金律」と呼ばれているものです。

「あなたが他の人からしてもらいたいことは何でも、他の人たちに行ないなさい」

これが、公正で公平な社会的活動の基本理念です。「バイブルにも論語にも商売のやり方は書いていない。だが、商人に一番大切な本が、そのバイブルと論語なのである」とは、倉本長治が遺した言葉のひとつです。

よい商人とはすなわち善い人間のことであり、善い人間となることが、よい商人への近道です。公正で公平な社会活動は、その実践にほかなりません。

経営観

文化のために経営を合理化せよ

「ヘルムスマン」という仕事をご存じでしょうか?

全米に500店舗以上を展開する個性的なスーパーマーケット「トレーダージョーズ」では、店長をキャプテン(船長)と、従業員をクルー(乗組員)と呼びます。つまり、世界中を航海しておいしいものを探してくる冒険船というビジョンを表現しています。

ヘルムスマン(操舵手)と呼ばれる業務にあたる従業員は、1時間交代で店内を歩き回り、買い物客に積極的に話しかけます。ときには買い物の相談に乗り、ときには世間話に花を咲かせてコミュニケーションを深めることを仕事としています。

その間、売上げは一切生まず、店舗作業もしません。「なんと非効率な!」と思われるかもしれません。たしかに、店側の視点に立つと効率的ではありません。

しかし、お客様にとっては、ヘルムスマンがいることで、買い物が日常の義務から非日常のエンタテインメントになります。店の使命を、お客様を喜ばせることに置いているトレーダージョーズにとっては、ヘルムスマンの行動は極めて理に合っているのです。

一方、「五つのNO」という店舗運営の効率化を追求し、パソコン製品のディスカウント販売で注目された店がかつてありました。五つのNOとは、「説明しない」「展示しない」「交換しない」「解約しない」「無料サービスはしない」というものです。他にも、店内トイレの利用不可、購入価格3万円以上へのクレジットカード利用制限など、低価格実現のために、さまざまな顧客サービスが効率化の名のもとに削られていました。

パソコンの黎明期には売上げを伸ばし、一時は「業界の寵児」と言われた同社ですが、その後到来したパソコンの大衆化をきっかけに売上不振に陥ります。あわてて「五つのNO」を廃止してサービス力向上に努めましたが、ときすでに遅く倒産に至りました。

本当の合理化とは、儲けのためではなく、まず何よりもお客様の生活文化の向上に貢献する方向で進められなくてはなりません。「五つのNO」を振り返るとき、文化のために経営を合理化するとはどういうことかを考えさせられます。

「効率」とは、店都合で率を効かせることであり、「合理」とはお客様視点で理(ことわり)に合わせることを意味します。同じような言葉ですが、意味するところは正反対です。

トレーダージョーズは、扱い商品の9割をプライベートブランドで構成し、同社ならではのオリジナリティあふれる食文化を提案しています。ヘルムスマンたちの一見無駄に思える対応こそ、同社の価値を伝える最も合理的な方法なのです。

行動軸

正しく生きる商人に誇りを持て

江戸時代以前、商人は卑しい存在とされてきました。

「商人の空証文」（商人の言動には駆け引きが多くて信用できない）

「商人の空値」（商人は相手を見て値段をつけるため、本当の値段はわかりにくい）

「商人の嘘は神もお許し」（商人が商売上の駆け引きで嘘をつくのは、神様も止むを得ないとお許しになる）

「商人と屏風は直ぐには立たぬ」（屏風は折り曲げないと立たないように、商売も自分の感情や理屈を曲げて客の機嫌を損ねないようにしなければ繁盛しない）

ことわざに残るこうした商人への悪評に反論し、商人に対しては商人としての心得や生き方を教え説いたのが江戸時代の思想家、石田梅岩でした。その教えは石門心学と言われ、今に続く商業倫理の礎となっています。

梅岩は「屏風と商人は真っ直ぐであれば必ず立つ」と、先ほどのことわざとは正反対の言葉を遺しています。屏風は少しでも歪んでいれば畳むことができず、床が平らでなければ立

EPILOGUE

愛される商人の10の心得

ちません。商人も心が平らな床のように正直だからこそ信頼され、商いをしていくことができるのです。

いつの時代も、お客様は買い物を通じ、あなたに人としての美しさを求めています。お客様はあなたに、単に商品・サービスを求めてはいません。商品・サービスとお金との取引を超えて、あなたの真心を求めているのです。

「人生最後の買い物はあなたから買いたい」と言ってくださるお客様の名前を、あなたは何人言えるでしょうか？　あなたを人間として信頼し、友情を感じてくださるお客様を毎日一人ずつつくること、それが商売の王道です。

お客様の心とあなたの心が直に触れ合うような、愛と真実に満ちた心ある商売をしましょう。そのためには、「正直」で「誠実」であることです。

正直とは、言葉を行動に合わせること。嘘をついたら「嘘をついた」と言えることです。誠実とは、行動を言葉に合わせること。「嘘をつかない」と言った以上は、嘘をつかないことです。

お客様に愛され続ける商いにも、この二つが欠かせません。いえ、究極はこの二つだけがあればいいのです。

正しくあれば、誇りを持てます。つまり誇りを持つには、正しさが必要なのです。

公益性×時代性×革新性＝愛され続ける永続経営

本書で紹介してきた「新しい4P」とは、単に商売を成功させるノウハウではありません。その本当の目的は、あなた自身が幸せになるところにあります。

しかし、一人だけで幸せになれるものではありません。本当の幸せとは、関わる人たちを幸せにしようと努め続ける先に得られるごほうびのようなものです。

関わる人たちとは、あなたの商いを通じて縁を結ぶお客様であり、お客様の満足向上をめざして共に働く仲間であり、同じく取引先であり、商売をさせてもらえる地域社会であり、支援してくれるサポーターです。彼らすべてに喜んでもらえてこそ、本当の幸せは得られます。誰かが不満を抱えていたり、損をしたりしている商売は偽りにすぎず、決して長続きはしません。

また、現在だけが幸せであれば、いいはずがありません。商いの本質は「あきない」こととよく言われますが、未来に向かって幸せを追求したとき、はじめて商いは永続性を持ちます。いっときの刹那的な満足ではなく、将来にわたってそれが実感できる営みの中にこそ、

図表⑦　永続性を持ち続ける商いの本質

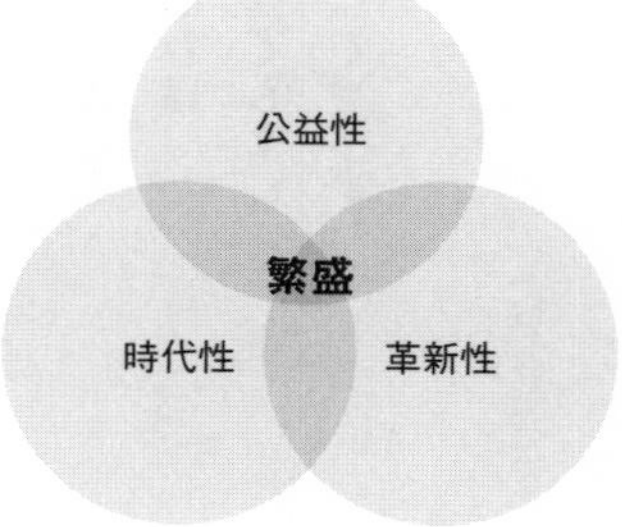

私たちの仕事の使命があります。

私が多くを学んだ先達の一人、倉本長治はこんな言葉を遺しています。

商売は今日のものではない。
永遠のもの、未来のものと考えていい。
それでこそ、ほんとうの商人なのである。
人は今日よりも、より良き未来に生きねばいけない。

よりよき未来を生きるために、大切なことがあります。それは、あなたの商いを通じて、まだ出会っていないお客様、そしてこれから生まれてくる未来のお客様のために、あなたの店が永続的に繁盛することです。

そのために欠かせないのが、「公益性」「時代性」「革新性」の三つです（図表⑦）。

【公益性】人のため、世のためになっているか？

倉本長治の盟友、経営指導者の新保民八は「公益性」について、こんな言葉を遺しています。新保は商売の前提に「正しさ」を求めました。

正しきに
依りて滅ぶる
店あれば
滅びてもよし
断じて滅びず

人のため、世のためになる正しさこそ「公益性」の本質です。これなくして、商売は永続性を持たないし、そもそも商売をする意味がありません。関わる人たちを笑顔にし、それが社会へと広がっていくところに商人の喜びがあります。

【時代性】今この瞬間のニーズをとらえているか？

商いとは、笑顔になってほしい人の不満、不都合、不便、不利益といった〝不〟を解消する営みだと本書で繰り返してお伝えしてきました。そうした〝不〟に、お客様自身が気づいているなら、解決は難しいものではありません。

しかし、なんとなくもやもやとして、本人も気づいていない〝不〟の解決はやっかいです。「時代性」とは、そのときどきの社会や世相を覆う漠然とした〝不〟のことです。それを見つけ出し、解決策を提示できたとき、お客様はあなたに信頼と親近感を覚えます。

倉本、新保の親しい友であった経営指導者、岡田徹はこう遺しています。病の床にあった岡田を励まそうと、倉本が編集した一冊『岡田徹詩集』から引用します。

一人のお客の喜びのために
誠実を尽くし
一人のお客の生活をまもるために
利害を忘れる
その
人間としての美しさをこそ
わが小売店経営の
姿としたい

一人のお客様の喜びと生活のために利害を忘れたとき、「時代性」という社会全体の〝不〟を解決する糸口が見つかります。「世のため人のため」とはよく言われますが、関わる人のために尽くしてこそ、世のために何事かをなしうるのです。

【革新性】常に変化に応じて変わり続けているか？

世の中に変わらないことはありません。変わらないものがあるとすれば、「すべては変わり続ける」という事実のみです。正しさだって変わるし、正しさを追求する手段ならなおさらです。

新保は前述の言葉に続けて、こう書き残しています。ここに「革新性」の本質と、その必要性を見ることできます。

古くして古きもの滅び
新しくして新しきものもまた滅ぶ
古くして新しきもののみ
永遠にして不滅なり

EPILOGUE
愛される商人の10の心得

古くから残り続ける商いの「あり方」でも、「やり方」が時代遅れの古びたものであったり、「やり方」は新しくても「あり方」が未熟であったりするものは滅ぶ、と新保は指摘しています。永続できるのは、古くから残り続ける「あり方」を、時代に適応した新しい「やり方」で実践するときのみというわけです。

さて、ここまで私があえて触れなかった事実について語らせてください。

倉本長治、新保民八、岡田徹という先達が、商業を通じて未来をよいものにしようと立ち上げ、これまでに多くの商業者を導き励ましてきた「商業界」という組織が2020年春、株式会社として経営破綻しました。それを振り返るとき、はたして「公益性」「時代性」「革新性」は足りていたのかと悔やまれます。商業界に働き、学んできた者として、この事実を受け止めて歩んでいく覚悟です。

組織としては社会的使命を終えましたが、その精神は輝きを保ち、今も変わることなく役割を果たしています。前述の「商売十訓」は、幸せな商人になるための10の教えとして唱えられ、多くの商人たちに実践され続けています。

本書における私の提案も、その延長線上にあるものです。商いの目的は儲けではなく、お客様満足にあります。その目的の先にこそ、皆が幸せになる繁盛はあります。

売る者の幸福とは、買う人の幸福をつくるところにあります。だから、繁盛という大樹は、お客様とあなたに芽吹いた幸福の双葉から育ちます。

しかし、どれだけ学んでも、それだけでは繁盛への道は拓かれません。その道を歩く者のみに開けるのです。

さあ、あなたも「新しい4P」を携えて、歩きはじめましょう。「売れる人がやっているたった四つの繁盛の法則」を実践しましょう。

本書が、あなたとあなたに関わる人すべての幸せと明るい未来づくりに役立つこと、それが私の幸福なのです。そして、どこかでお会いしたとき、次はあなたの実践を訊かせてください。

あとがき
源流の一滴をさかのぼる

滔々と流れる河の岸辺に立つと、「この河をさかのぼっていくと何があるのだろうか」と思うことはありませんか？　どんな大河も一滴の湧水から始まりますが、私はその源流に惹かれます。

「商業界」という河は1948年夏、倉本長治という男の澄みきった一滴の純水から始まりました。当時の日本経済は混乱の只中にあり、商業のモラルは地に落ちていたと言います。そのとき、「店は客のためにある」と、お客様のための正しい商売のあり方を提唱したのが倉本であり、その手段として誕生したのが雑誌「商業界」でした。

先ごろ、手段としての「商業界」は終わりを迎えました。しかし、これまで多くの商人を奮い立たせ、導いてきた思想としての水流が枯れたわけではありません。今も教えを胸に、お客様の幸せのために努力する商人がおり、思想は実践として生き続けています。

本書も、そうした実践のひとつでありたいと書きました。「商業界」を通じて学んだ教え、出会った商人たちとの縁は、私を形づくる血であり肉にほかならないからです。

さらに源流をさかのぼると、そこには年季の入った小ぶりなラーメン碗があります。それは父が大切にしたもの。私の実家は東京のはずれにある商店街の一角で、まちの人たちに愛される中華料理店を営んでいました。

父がつくるラーメンを何杯食べたかは憶えていませんが、今もその味が鮮やかに舌によみがえります。私の料理好きも、ここに由来するのかもしれません。

兄と私は家業を継がず、店は父の代で閉じました。しかし、父と母から商売の喜びと厳しさを学んだことは、私がこの仕事を続ける大きな理由だと断言できます。一隅を照らすように、お客様に喜んでもらうことに汗した父母の姿を忘れることはありません。

商人の中でも特に小さな存在を私が愛するのも、こうした源流を持つからでしょう。商人とお客様の関係を超えたふれあいがあり、暮らしを彩る営みがあると知っているからです。

お客様を愛し、関わる人たちを幸せにしようと努める商人の役に立ちたい――そうした思いから、私は「商い未来研究所」という屋号で自分の商いを立ち上げました。「未来」と名づけたのは、商いは未来に責任を持つ営みだと考えるからです。

店よし　客よし　世間よし
三方よしに加えて未来よし
まことの商人よ
四方よしをめざそう

これが私の掲げる「哲学・理念」です。この実現を「約束」して「絆」を育むために、まだまだ私には「物語性豊かな商品」も「個性・人柄」も足りないことは自覚しています。だけれど、私はあきらめません。まことの商人は、現在の顧客に満足と感動を提供しながら、よりよき未来を創造していく役割を担っているからです。

そんな商人のみなさんと共に、明るい未来をつくるために、これからも進んでまいります。本書は、その決意表明でもあるのです。

２０２１年５月

商い未来研究所　笹井清範

事例企業・店舗一覧

CHAPTER 1

まるおか	群馬県高崎市棟高町 1174-1
芝寿し	石川県金沢市いなほ 2-4
佰食屋	京都府京都市右京区西院矢掛町 21
コスコジ	埼玉県さいたま市浦和区北浦和 3-1-15
いとしや	大分県大分市田原 34

CHAPTER 2

主婦の店さいち	宮城県仙台市太白区秋保町湯元薬師 27
ファクトリエ	熊本県熊本市中央区手取本町 4-7
マルニ新井本店	新潟県妙高市姫川原 206-1
ふらここ	東京都中央区東日本橋 3-9-8
メーカーズシャツ鎌倉	神奈川県鎌倉市雪ノ下 4-2-15

CHAPTER 3

飯田屋	東京都台東区西浅草 2-21-6
安心堂白雪姫	大阪府堺市中区土師町 1 丁 12-13
カタカナ	東京都世田谷区奥沢 5-20-21
やまつ辻田	大阪府堺市中区福田 280
ペンズアレイタケウチ	愛知県岡崎市篭田町 36

CHAPTER 4

福島屋	東京都羽村市五ノ神 3-15-1
生活の木	東京都渋谷区神宮前 6-3-8
ウィー東城店	広島県庄原市東城町川東 1348-1
渡辺商店	熊本県菊池市隈府 58-3
角上魚類	新潟県長岡市寺泊下荒町 9772-20

参考図書一覧

はじめに

『しあわせアフロ田中　第3巻』のりつけ雅春（2016）小学館

『星の王子さま』サン＝テグジュペリ／内藤濯訳（1953）岩波書店

PROLOGUE

『坂の上の雲』司馬遼太郎（1969）文藝春秋

『茶の本』岡倉天心（1906）岩波書店

『疲れすぎて眠れぬ夜のために』内田樹（2003）角川書店

CHAPTER 1

『店はお客さまのためにある　倉本長治商訓五十抄』倉本初夫編、商業界ゼミナール全国連合同友会監修（2003）商業界

『おいしいものだけを売る　奇跡のスーパー「まるおか」の流儀』丸岡守（2018）商業界

『岡田徹詩集』岡田徹（1958）商業界

『愛と真実の商道　新保民八講演集』新保民八（1959）商業界

『売上を、減らそう。たどりついたのは業績至上主義からの解放』中村朱美（2019）ライツ社

『現代の経営〈下〉』ピーター・ドラッカー（2006）ダイヤモンド社

CHAPTER 2

『売れ続ける理由　一回のお客を一生の顧客にする非常識な経営法』佐藤啓二（2010）ダイヤモンド社

『ものがたりのあるものづくり ファクトリエが起こす「服」革命』山田敏夫（2018）日経BP

『鎌倉シャツ　魂のものづくり』丸木伊参（2014）日本経済新聞出版

『シャツとダンス 「アパレルの革命児」が起こした奇跡』玉置美智子（2020）文藝春秋

CHAPTER 3

『浅草かっぱ橋商店街リアル店舗の奇跡』飯田結太（2021）プレジデント社

『まちゼミ　さあ、商いを楽しもう！』松井洋一郎（2017）商業界

CHAPTER 4

『福島屋　毎日通いたくなるスーパーの秘密』福島徹（2014）日本実業出版社

『これからの本屋さんを目指して』佐藤友則（2015）明日香出版社

『魚屋の基本　角上魚類はなぜ「魚離れ」の時代に成功することができたのか？』石坂智恵美（2016）ダイヤモンド社

EPILOGUE

『商売十訓　21世紀を目ざす「商人の心」』倉本初夫（1997）商業界

著者略歴

笹井清範（ささい　きよのり）

商い未来研究所代表

商業経営専門誌「商業界」で現場取材を重ね、2007年より編集長。中小独立店から大手チェーンストア、小売業から飲食・サービス業、卸売業、農業、製造業まで幅広い業種・企業規模を取材。その数は25年間で4000社を超え、そこに共通する“繁盛の法則”の体系化をライフワークとする。2018年より、多くの商業者を育成・輩出してきた「商業界ゼミナール」を運営。講演家としても多くの聴衆の支持を集める。2020年、商業をはじめ暮らしを心豊かにする事業に関わる人たちへの支援を目的に「商い未来研究所」設立。急速に進む人口減少・成熟化社会でも成長できる商人の育成を事業理念に、研修やコンサルティング、講演や執筆に取り組む。取材者として養ったインタビュー技術によって、本人が認識していない強みや課題を顕在化させる“訊く力”に定評がある。商人応援ブログ「本日開店」では、取材から学んだ“商いの心と技”を毎日発信。また、一般財団法人食料農商協会の理事としては、食の未来の健全化をテーマに活動する。

［講演・研修・コンサルティング・執筆依頼先］
商い未来研究所　sasai@akinai-mirai.com

売れる人がやっている　たった四つの繁盛の法則
「ありがとう」があふれる20の店の実践

2021年6月15日　初版発行

著　者 —— 笹井清範

発行者 —— 中島治久

発行所 —— 同文舘出版株式会社

東京都千代田区神田神保町1-41　〒101-0051
電話　営業03（3294）1801　編集03（3294）1802
振替 00100-8-42935
http://www.dobunkan.co.jp/

ISBN978-4-495-54085-2

印刷／製本：萩原印刷
Printed in Japan 2021

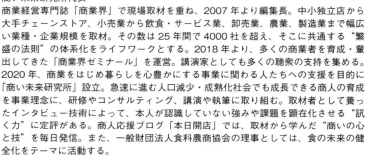